Rápido neu

Curso intensivo de español

von
Lourdes Miquel
Neus Sans

Ernst Klett Sprachen
Barcelona Belgrad Budapest Ljubljana
London Posen Prag Sofia Stuttgart Zagreb

Autoras:
Lourdes Miquel
Neus Sans

Coordinación editorial y redacción:
Roberto Castón
Eduard Sancho

Corrección:
Pablo Garrido

Revisión pedagógica:
Jaime Corpas

Diseño y dirección de arte:
Estudio Ivan Margot

Maquetación:
Eva Bermejo

Ilustración:
Monse Fransoy, Javier Andrada

Fotografías:
Bernardo Guerra (Turismo Andaluz, S.A.), Fotoformat, Iberdiapo, Kobal Collection, Nelson Souto, Photodisc, Phovoir, Secretaría de Turismo de la Nación (República Argentina)

Agradecimientos:
Archivo fotográfico del Servicio de Turismo del Gobierno de Navarra, Corporación de Turismo de Venezuela, Embajada de Venezuela en España, Gerard Freixa, Jaime Corpas, Montse Belver, Nuria París, Noelia Salido, Nuria Sánchez

Este libro está dedicado a Friedhelm Schulte-Nölle, que tanto aportó a este proyecto.

 ISBN: 978-84-8443-083-4

Reimpresión: mayo 2010

Alle Drucke dieser Auflage können im Unterricht nebeneinander benutzt werden,
sie sind untereinander unverändert. Die letzte Zahl bezeichnet das Jahr dieses Druckes.

Internetadresse: www.klett-verlag.de

Druck: Druckerei RARO. Printed in Spain.

ISBN: 978-3-12-514704-1

9 783125 147041

KONZEPTION

Mit **Rápido** Neu liegt Ihnen die optisch neu gestaltete und inhaltlich überarbeitete Version des einbändigen Spanischlehrwerks **Rápido** vor. Durch seine steile Progression ist es besonders für einen intensiven Unterricht mit Lernern geeignet, die bereits Erfahrungen mit dem Erwerb einer Fremdsprache haben. Das Lehrwerk ist strukturell und kommunikativ ausgerichtet und ermöglicht den Lernenden schon von der ersten Stunde an, in der spanischen Sprache zu handeln.

AUFBAU

Das Lehrbuch umfasst 18 **Unidades**, die folgendermaßen aufgebaut sind:

1. Auf der Auftaktseite einer jeden **Unidad** werden die Lernziele präsentiert.

2. Der Präsentationsteil **Textos** macht die Lernenden mit dem Sprachmaterial vertraut (Wortschatz, Redemittel und Grammatik). Das geschieht durch eine Vielfalt von schriftlichen oder mündlichen Texten wie z. B. Dialoge, Berichte, Radiosendungen, Anzeigen usw., die von aktuellem Bildmaterial aus der spanischen und lateinamerikanischen Welt begleitet werden. Diese Lese- und Hörtexte sind stets mit einer kleinen Aufgabe verbunden, mit der die Aufmerksamkeit auf bestimmte sprachliche Phänomene gelenkt wird (entdeckendes Lernen).

3. Der Grammatikteil **Gramática** enthält eine systematische Darstellung der in den Texten enthaltenen grammatischen Phänomene und Redemittel.

4. Der Übungsteil **Actividades** bietet vielfältige Aufgaben, in denen die präsentierten Strukturen und Redemittel gründlich und systematisch geübt werden können. Diese Aufgaben sind überwiegend personalisiert und dienen dem Austausch von inhaltlich relevanten Informationen. Zudem enthält jede Unidad eine Hörübung, in der die Lernenden für einen bestimmten Aspekt der Phonetik sensibilisiert werden.

5. Am Ende jeder **Unidad** findet sich eine Abschlussaufgabe, in der die Lernenden die Möglichkeit haben, das Gelernte selbstständig anzuwenden, indem sie für einen fiktiven Radiosender Programme ausarbeiten und anschließend aufnehmen.

Die Aufteilung der **Unidades** in Präsentations-, Grammatik- und Übungsteil ist ein Ordnungsschema und bedeutet nicht, dass man zunächst alle Texte des Präsentationsteils durchnehmen muss, bevor man zum Grammatik- oder Übungsteil übergehen kann. Es empfiehlt sich vielmehr, sich zuerst einem Text und dem darin präsentierten Phänomen zu widmen, das man mithilfe der Grammatik behandeln und im anschließenden Übungsteil festigen kann. Danach wendet man sich dem nächsten Text des Präsentationsteils zu und verfährt analog.

Die Arbeitsanweisungen werden in den ersten **Unidades** auf Spanisch und Deutsch gegeben, dann zunehmend auf Spanisch. Die Benutzer des Buches werden im Spanischen mit "tú" angeredet. Das entspricht der Realität in den meisten spanischsprachigen Ländern, in denen das Du sehr viel häufiger gebraucht wird als bei uns, und ist ein Stück Landeskunde.

Im Anhang finden sich ein lektionsbegleitendes und ein alphabetisches Wörterverzeichnis. Es wurde ein Lernwortschatz vorgeschlagen, der sich an der Wortschatzliste des Europäischen Sprachenzertifikats "**Certificado de Español**" orientiert.

ARBEITSBUCH

Das Arbeitsbuch stellt eine Ergänzung zum Lehrbuch dar, denn es bietet die Möglichkeit, die dort erworbenen Kenntnisse zu festigen und zu überprüfen.
Die Übungen sind sehr vielfältig und reichen von Grammatik- und Vokabelübungen bis hin zu Übungen zum schriftlichen und mündlichen Ausdruck.
Das Arbeitsbuch ist für die individuelle Arbeit im Unterricht oder zu Hause gedacht.
Außerdem befindet sich am Anfang jeder Einheit eine praktische Übungsübersicht, und am Ende jedes Kapitel eine Fortsetzungsgeschichte "En Barcelona sin **Mónica**", die der Progression des Lehrbuchs folgt.

Inhalt

Inhalt

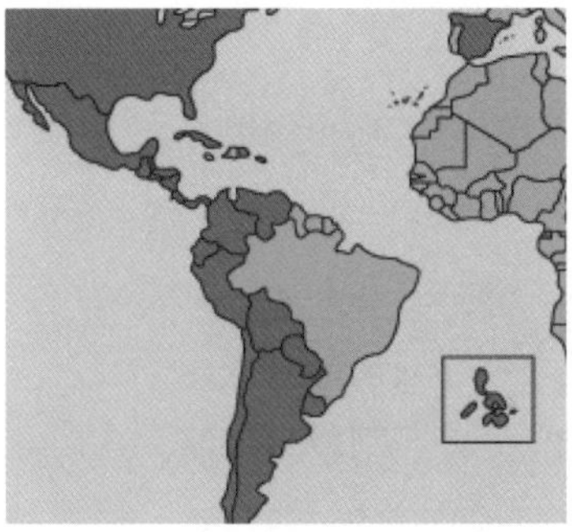

Unidad 1

Übungen

1. Buchstabieren
2. Buchstabieren
3. Wörter mit j, p, b, v, m, ll
4. ¿Cómo se dice ...?
5. Verben und Substantive
6. Spanischsprachige Länder
7. Vokabular
8. Wörter bilden. Silben
9. Wörter ergänzen. Silben
10. Zungenbrecher
11. Schriftlicher Ausdruck: "Estudio español para..."

LEKTÜRE

En Barcelona sin Mónica: *Kosei llega a Barcelona*

1 Jemand hat eine Reihe von Wörtern buchstabiert. Schreiben Sie sie auf und lesen Sie sie anschließend vor.

1. de, i, ce, ce, i, o, ene, a, ere, i, o
2. hache, i, ese, te, o, ere, i, a
3. ce, u, be, a
4. eme, a, elle, o, ere, ce, a
5. te, ere, a, be, a, jota, a, ere
6. ere, o, eme, a
7. uve, e, ere, be, o, ese
8. uve, e, ere, de, a, de

1. diccionario	5. ______
2. ______	6. ______
3. ______	7. ______
4. ______	8. ______

2 Können Sie diese Wörter buchstabieren?

• Ene, o, te, a, ese.

notas	viajar	aprender
diccionario	pronunciar	vivir
Guinea	millones	Zaragoza
revistas	novelas	alumno

Buchstabieren Sie nun Ihren Vor- und Nachnamen, den Namen eines Freundes oder einer Freundin, den Namen Ihrer Straße und Ihres Wohnorts.

3 Schreiben Sie auf jeden dieser Zettel drei Wörter mit den angegebenen Eigenschaften. Es können auch Orts- oder Ländernamen sein.

Wörter, die ein **J** enthalten.

Wörter, die mit **P** beginnen.

Wörter, die mit **B** beginnen.

Wörter, die mit **V** beginnen.

Wörter, die ein **M** enthalten.

Wörter, die ein **LL** enthalten.

Lesen Sie sie laut vor.

4 Denken Sie nun an fünf Dinge oder fünf Tätigkeiten, die für Sie von Bedeutung sind. Suchen Sie die Übersetzung im Wörterbuch und fragen Sie anschließende Ihre/n Lehrer/in, ob sie richtig ist.

¿Cómo se dice *Auto* en español?

Auto significa "coche", ¿verdad?

5 Sehen Sie sich diese Wörter an. Können Sie sie in die Tabelle rechts einordnen?

sustantivos		
verbos	**-ar**	
	-er	
	-ir	

6 Auf dieser Landkarte sehen Sie alle Länder in denen Spanisch gesprochen wird. Tragen Sie die Namen derer ein, die hier nicht genannt sind.

Auf welche lateinamerikanischen Länder beziehen sich Ihrer Meinung nach diese Sätze?

1. Su moneda es el lempira y la capital es Tegucigalpa.
2. La capital es Santiago y su moneda es el peso chileno.
3. Es famoso por su canal. Su moneda es el balboa.
4. Su capital, La Paz, es la capital a más altura del mundo.
5. La capital es Quito. Su moneda, el sucre.
6. La capital es la ciudad más grande del mundo.

Panamá
Ecuador
Honduras
Chile
México
Bolivia

7 Wissen Sie, wie diese Dinge auf Spanisch heißen?

1 ____________
2 ____________
3 ____________
4 ____________
5 ____________
6 ____________
7 ____________

8 Welche spanischen Wörter, die in dieser Lektion vorkommen, können Sie mit diesen Silben bilden?

blar – blo – car – cio – cu – cul – dic – ha

jar – las – li – na – pe – pue – ra

re – rio – ta – tas – tu – vi – vis – a

9 Ergänzen Sie diese Wörter mit der passenden Silbe aus der Zeichnung.

espa ño les
proble ___
___ dio
compa ___ ros
plu ___
pro ___ sora
e ___ cicios
___ le
___ blar

cul ___ ra
perió ___ cos
___ toria
___ dad
apren ___
vi ___
cono ___
ciu ___
en ___ der

10 In jeder Sprache gibt es Zungenbrecher, bei denen es meist nicht auf den Inhalt ankommt. Versuchen Sie einmal, die folgenden "trabalenguas" auszusprechen.

El perro de San Roque
no tiene rabo
porque Ramón Ramírez
se lo ha cortado.

~

Un tigre, dos tigres, tres tigres
comen trigo en un trigal.

~

Bájame la jaula,
Jaime, bájamela.

~

El cielo está enladrillado
¿quién lo desenladrillará?
El desenladrillador que lo desenladrille
buen desenladrillador será.

~

Donde dije digo, digo Diego.

11 Schreiben Sie auf, warum Sie Spanisch lernen. Suchen Sie die Wörter, die Sie dafür benötigen, im Wörterbuch. Sie können diese Liste im Laufe des Kurses ergänzen.

Estudio español para...

1 Kosei llega a Barcelona

Avión DC10 540 de Iberia. Nueve mil metros de altura. Kosei Murata está nervioso. Son las 20.30h del martes13. A las 20.40h la azafata dice:

–Dentro de unos momentos tomaremos tierra en el aeropuerto de El Prat.

–¿El Prat? ¿Qué significa El Prat? –piensa Kosei.

–Perdone, –pregunta a su vecino de asiento– ¿qué significa El Prat?

–Es el nombre del aeropuerto de Barcelona.

–Ah, gracias.

Kosei habla un poco de español, pero quiere aprender mucho más para hablar con su novia Mónica. Quiere vivir en España con Mónica. Kosei viaja por amor.

–Bienvenidos a Barcelona.

–Uf, ya está. Barcelona. Barcelona y Mónica. ¡Bien!

En el aeropuerto, Kosei lee todo lo que ve: "EQUIPAJE"

–¿Qué significa? –se pregunta–. Ah, también está en inglés: *baggage*. Vale. TAXI, POLICÍA...

Eso es fácil, es como en inglés.

En la sala de recogida de equipajes Kosei va al lavabo. En una puerta ve una hache y en la otra puerta una eme... "Socorro, ¿es hache o eme?". Kosei espera delante de las dos puertas. Tres hombres salen de la hache. "Ah, claro, hache, de hombre... Hombre se escribe con hache".

Después, espera por la maleta y llama al teléfono móvil de Mónica. Nadie contesta.

–¡Qué raro! –piensa.

La maleta llega a las 21.35h y Kosei sale.

–¿"SALIDA" significa *exit*? Sí –piensa Kosei.

El aeropuerto está lleno de españoles. Esperan a su familia, a sus amigos, a sus hijos, a sus novios... Hablan, ríen y miran la puerta. Kosei busca a Mónica. Pero Mónica no está. Llama al móvil otra vez. No contesta. Espera y espera. Llama y llama. Busca y busca. Nada, Mónica no está en el aeropuerto, Mónica no está en casa. Mónica no está.

–¿Y ahora qué? –se pregunta Kosei, solo en el aeropuerto de El Prat, con su maleta, su móvil y su diccionario de español.

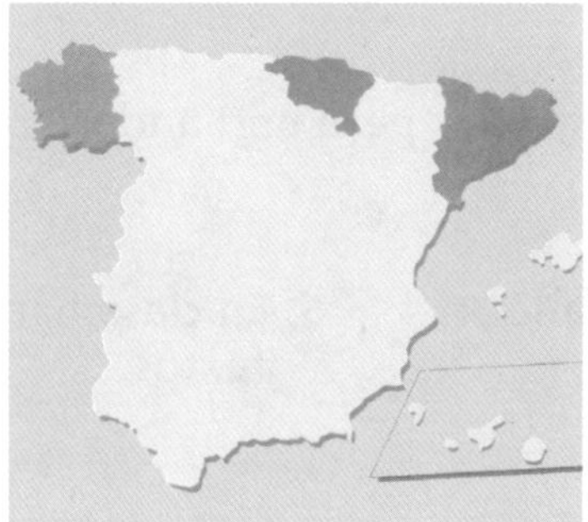

Unidad 2

Übungen

1. Y **oder** pero
2. **Indikativ Präsens**
3. **Persönliche Fragen stellen**
4. **Kreuzworträtsel mit spanischsprachigen Ländern**
5. **Indikativ Präsens. Konjugationen (-ar, -er, -ir)**
6. Tú/vosotros, usted/ustedes
7. **Zahlen**
8. **Subjektpronomen**
9. **Präpositionen**
10. **Bestimmter und unbestimmter Artikel**
11. **Dialoge ergänzen**
12. **Fragen stellen**
13. **Betonte Silben**
14. **Schriftlicher Ausdruck:** "En clase..."

LEKTÜRE

En Barcelona sin Mónica: *Un japonés solo en la ciudad*

1 Verbinden Sie die folgenden Sätze mit **y** oder **pero** und ändern Sie sie, wo es notwendig ist.

1. Hablo inglés. Hablo un poco de español.

   Hablo inglés y un poco de español.

2. Luis vive en Andorra. No trabaja en Andorra.

   ____

3. Hablo español. No hablo muy bien.

   ____

4. Hablo inglés bien. Escribo muy mal.

   ____

5. En clase hablamos mucho. En clase leemos textos.

   ____

6. Voy a visitar Perú. No voy a visitar Ecuador.

   ____

7. Los españoles estudian inglés en Irlanda. Los españoles estudian inglés en Gran Bretaña.

   ____

   ____

2 Ordnen Sie die konjugierten Verbformen den Subjektpronomen zu.

estudias → tú
vivís
son
va
vives
hablamos
tienen
tengo
escribo
lee
compran
aprendéis

yo
tú
él, ella, usted
nosotros/as
vosotros/as
ellos, ellas, ustedes

3 Ergänzen Sie diese Fragen und stellen Sie sie einem anderen Kursmitglied. Halten Sie die Ergebnisse anschließend schriftlich fest.

¿Eres ______________? Sí ❑ No ❑

¿Estudias ______________? Sí ❑ No ❑

¿Hablas ______________? Sí ❑ No ❑

¿Comes ______________? Sí ❑ No ❑

¿Vives en ______________? Sí ❑ No ❑

¿Tienes ______________? Sí ❑ No ❑

Mi compañero...

4 Suchen Sie in diesem Kreuzworträtsel die Namen von 13 spanischsprachigen Ländern.

5 Zu welcher Verbgruppe gehören diese Verben?

voy · compramos · viajamos · trabajas · salimos · conocéis · hacéis · escribís · aprendemos · vives · necesita · ven

Verbos en **-ar**	Verbos en **-er**	Verbos en **-ir**

6

Stellen Sie sich vor, Sie müssen die folgenden Fragen einer oder mehreren Personen stellen, die Sie mit **Usted** anreden. Wie lauten die Fragen?

TÚ/VOSOTROS

- ¿Hablas francés?
- ¿Vivís en España?
- Eres hondureño, ¿verdad?
- Estudias ruso, ¿verdad?
- ¿Trabajáis o estudiáis?
- ¿Vas a clase de español?
- ¿Tienes libros de autores españoles o latinoamericanos?

USTED/USTEDES

____
____
____
____
____
____
____

7

Können Sie diese Zahlen ausschreiben?

7 ________ 13 ________ 100 ________ 17 ________

________ 300 ________ 700 ________ 15

________ 90

40 ________ 500 000 ________

0 ________ 12 000 000 ________

8

Setzen Sie in den folgenden Sätzen die Subjektpronomen dort ein, wo es notwendig ist.

● ¿ _____ hablas español?
○ Sí, pero solo un poco.

● _____ estudio Derecho en la Universidad.
○ Y _____ estudio Química.

● _____ soy alemán, ¿y tú?
○ _____ soy chileno.

● _____ no leo mucho. Tú sí, ¿verdad?
○ _____ leo bastante, especialmente literatura española.

● María estudia Biología, ¿verdad?
○ Sí, _____ estudia en la Universidad de Sevilla.

9 Setzen Sie in diesen Sätzen die richtige Präposition ein.

1. Ana, en español, se escribe ______ una ene, ¿verdad?
2. David estudia Medicina _______ Estados Unidos.
3. Estudio español _______ conocer mejor la cultura latinoamericana.
4. Voy ______ clases _______ inglés y ______ tenis.
5. Yo veo películas _______ la televisión ________ inglés. Se aprende mucho.
6. ______ Andalucía se habla español con acento andaluz.

10 Setzen Sie in diesen Sätzen die richtige Form des unbestimmten Artikels ein.

ÁNGEL TIENE...

una	gramática española.	______	discos de U2.
______	amigo cubano.	______	amigas chilenas.
______	compañeros de trabajo argentinos.	______	profesión muy interesante.
______	diccionario francés-español.	______	películas españolas en DVD.
______	novela de García Márquez.	______	periódicos mexicanos.

Wenn man nun über diese bereits genannten Dinge oder Personen spricht, verwendet man den bestimmten Artikel. Tragen Sie die richtigen Formen ein.

la	gramática española de Ángel.	______	discos de U2 de Ángel.
______	amigo cubano de Ángel.	______	amigas chilenas de Ángel.
______	compañeros de trabajo argentinos de Ángel.	______	profesión de Ángel.
______	diccionario francés-español de Ángel.	______	películas españolas en DVD de Ángel.
______	novela de García Márquez de Ángel.	______	periódicos mexicanos de Ángel.

11 Beantworten Sie die folgenden Fragen.

- ¿Qué idiomas hablas?
  ○ ________________________________
- ¿Todos tus compañeros hablan inglés?
  ○ ________________________________
- Y tu compañero, ¿qué idiomas habla ?
  ○ ________________________________
- ¿En qué idioma habláis en clase?
  ○ ________________________________

12 Wie könnten die Fragen zu diesen Antworten lauten?

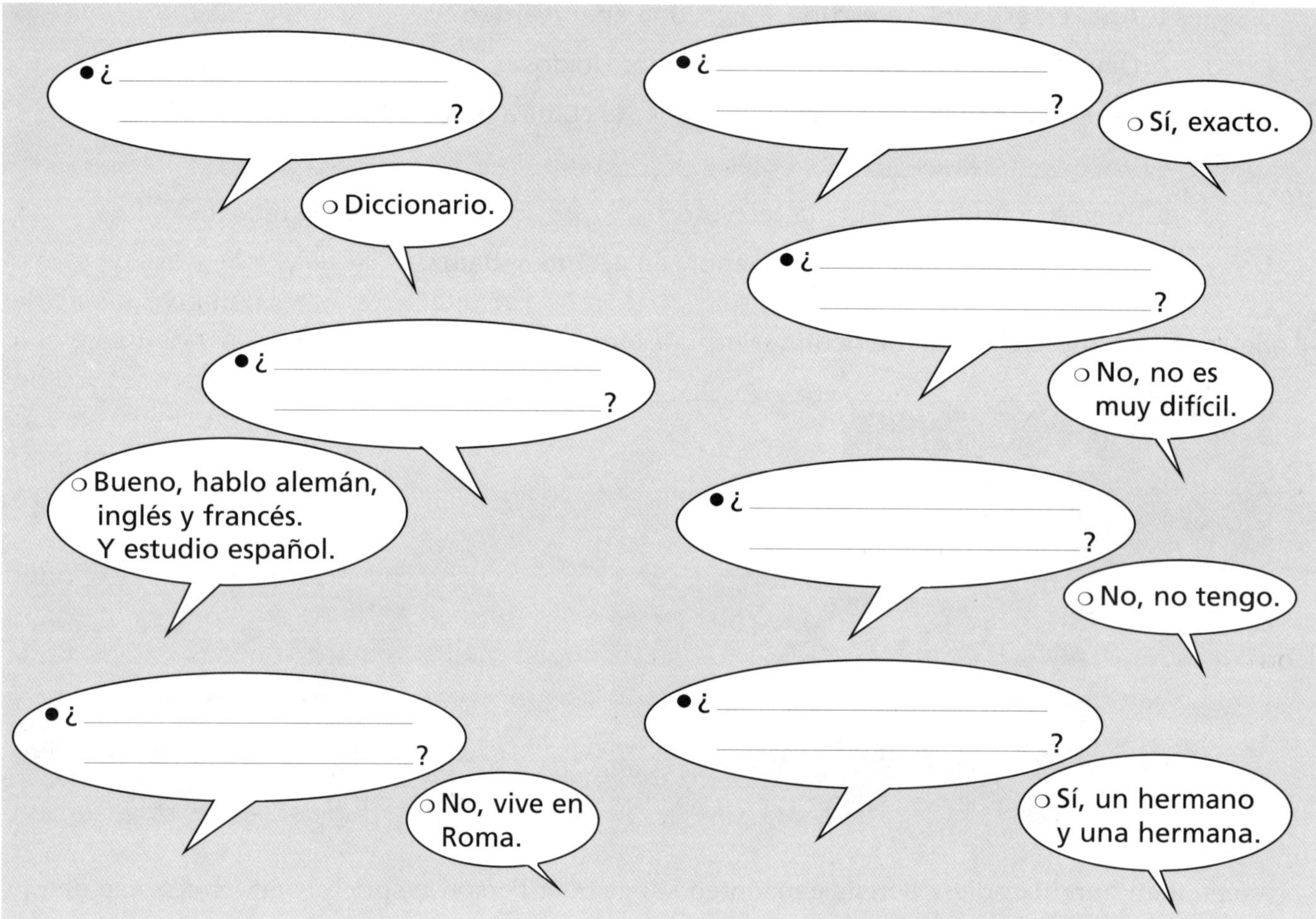

13 Markieren Sie in diesen Wörtern die betonte Silbe, wie im Beispiel angegeben.

IN(GLÉS) | LENGUA | VACACIONES | ESCRIBIR

CULTURA | LITERATURA | HABLAR

PERSONA | EXTRANJERO | COLOMBIA | DANÉS

14 Nun haben Sie schon eine ganze Menge in Ihrem Spanischkurs gelernt. Schreiben Sie einen kleinen Text über das, was Sie im Unterricht machen, und nehmen Sie dazu den Text auf Seite 18 im Lehrbuch zu Hilfe.

En clase...

2 Un japonés solo en la ciudad

Kosei sube a un taxi.

–Calle Hospital, 15, por favor.

Mónica vive allí.

–Son 27,45 euros –dice el taxista.

–Tome.

–Gracias.

Es la 1 de la madrugada.

En el número 15 de la calle Hospital hay un hospital antiguo. No es la casa de Mónica. "Socorro", piensa Kosei, otra vez. Coge su maleta y va a Las Ramblas. Ve un hotel y entra. Habla en inglés. Una habitación vale 68 euros.

–Perfecto. Muchas gracias.

Kosei está en la habitación 525. Tiene mucho sueño y un problema: ¿dónde está Mónica?

El miércoles, día 14, a las 10h, Kosei vuelve a la calle Hospital y llama y llama al móvil de Mónica. Nada. Después, pasea por Barcelona para saber cómo son los barceloneses, cómo viven y qué costumbres tienen. Pero en Las Ramblas hay muchos extranjeros: alemanes, franceses, italianos, ingleses, estadounidenses y muchos japoneses.

Kosei escucha conversaciones, oye canciones y ve la tele, pero casi no entiende nada. "Los españoles hablan muy rápido, demasiado rápido", piensa Kosei.

A las 20h, Kosei está cansado y nervioso. Va a la Plaza del Pi. Hay mucha gente.

–Una cerveza, por favor –pide Kosei en un bar.

En seguida viene una camarera joven con la cerveza.

–Hola, soy Inés. Eres japonés, ¿verdad?

–Sí, de Osaka.

–¿Y hablas español?

–Solo un poco. ¿Tú hablas japonés o inglés?

–Un poco de inglés, pero muy poco. Pero mi novio es japonés.

–¿Ah, sí?

–Sí. Pero tengo un problema. Mi novio vive en Japón y yo quiero aprender japonés... Busco un japonés para hacer un intercambio de español y japonés.

–Yo quiero estudiar español –dice Kosei.

–Perfecto. Yo te enseño español y tú me enseñas japonés... ¿Me das tu e-mail?

–Sí, claro: murata, con minúsculas, arroba, yahoo, punto com. Yo también tengo una novia española, creo, pero no sé dónde está. Algo no va bien.

Y Kosei le explica a Inés su gran problema.

Unidad 3

Übungen

1. **Demonstrativbegleiter:** este/a/os/as, ese/a/os/as
2. **Unbestimmter Artikel:** un/a/os/as
3. **Berühmte Orte:** Esto es...
4. ¿Qué es esto?
5. **Geschlecht:** el **oder** la
6. **Bestimmter Artikel:** el / la / los / las
7. **Ansichtskarten lesen und schreiben**
8. **Indikativ Präsens des Verbs** ser
9. **Fragen über Personen oder Dinge stellen**
10. **Relativsätze:** que **und** donde
11. **Verwandtschaftsbezeichnungen**
12. **Die Familie vorstellen**

LEKTÜRE

En Barcelona sin Mónica: *Kosei encuentra piso*

1 Stellen Sie sich vor, dass Sie einem anderen Kursmitglied diese Personen oder Sachen zeigen. Welche Demonstrativbegleiter verwenden Sie?

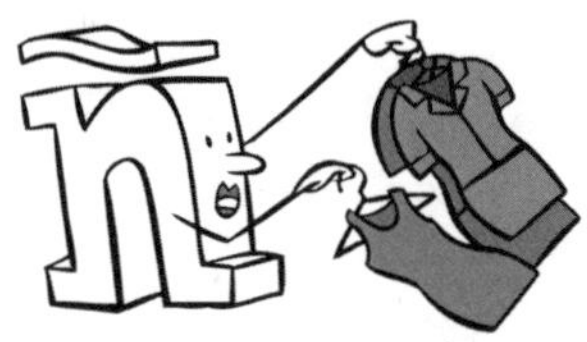

estos	vestidos	______	llaves	______	hombre
______	país	______	museo	______	canción
______	chica	______	teléfonos	______	foto
______	camisetas	______	coche	______	problema
______	canciones	______	ciudad	______	edificios
______	moneda	______	mujeres	______	mesa

Welche Demonstrativbegleiter verwenden Sie für Personen oder Sachen, die etwas weiter entfernt sind?

esa	ventana	______	edificios	______	chica
______	libro	______	ciudad	______	camiseta
______	mujeres	______	foto	______	canciones
______	museo	______	canción	______	pueblo
______	moneda	______	hombre	______	país
______	personas	______	teléfono	______	ciudad

2 Setzen Sie in diesen Sätzen die richtige Form des unbestimmten Artikels ein (**un**, **una**, **unos**, **unas**).

1. • ¿Y esto qué es?
   ○ Es Cartagena de Indias, ______ ciudad muy bonita de Colombia.
2. • Tengo _____ problema con este ejercicio.
3. • ¿Tienes _____ hoja de papel, por favor?
4. • Mira, éstos son los Núñez, _____ amigos de mis padres. Son españoles.
5. • Ah, pues yo tengo _____ amiga en Santiago de Chile. Es muy simpática.
6. • Yo no sé qué es ______ "tablao".
7. • ¿Qué son esos papeles?
   ○ ____ fotos.
8. • Tengo compañeros de diferentes nacionalidades.
   ○ Ah, ¿sí? ¡Qué bien!
   • Tengo ______ compañero canadiense, ______ compañera belga y ______ compañeros mexicanos.
9. • Zaruma es ______ ciudad preciosa que está en Ecuador.
10. • ¿Quiénes son esas chicas?
    ○ ______ amigas mías brasileñas.

3 Hier sehen Sie einige Fotos von bekannten Orten. Erklären Sie einem anderen Kursmitglied, worum es sich handelt.

- Esto es la Sagrada Familia, un edificio muy bonito de Barcelona.

4 Beantworten Sie die Fragen anhand der Fotos.

- ¿Qué es esto?
- Es el Camp Nou. / Es un estadio de fútbol en Barcelona.

- ¿Qué es esto?
- ______

- ¿Qué es esto?
- ______

- ¿Qué es esto?
- ______

5

- ¿Qué es esto?
- ______

- ¿Qué es esto?
- ______

5 Welches ist der richtige Artikel? **El** oder **la**?

EL		LA
coche	coche	bicicleta
______	canción	______
______	tema	______
______	africana	______
______	ciudad	______
______	foto	______
______	país	______
	pueblo	
	museo	
	idioma	
	libertad	
	libro	
	camiseta	
	bicicleta	

6 Setzen Sie in diesen Sätzen die richtige Form des bestimmten Artikels (**el, la, los, las**) ein, falls nötig.

1. ● ¿Y esto qué es?
   ❍ Es _____ Puerta de Alcalá, en Madrid.

2. ● ¿ _____ señor Eugenio Marín es usted?

3. ● Ésta es _____ ciudad donde viven mis amigos españoles. Se llama Murcia. Está en la costa mediterránea.

4. ● Éstos son _____ ejercicios para practicar _____ artículos.

5. ● Mira, éstos son _____ Ibáñez, _____ padres de Carlos.

6. ● ¿Usted es _____ profesor de Matemáticas?
   ❍ No, no soy yo. Es ese señor.
   ● Gracias.

7. ● ¿Qué son esos papeles?
   ❍ _____ fotos de las vacaciones en Bolivia.
   ● A ver...

8. ● _____ hermana de Luis y _____ primas de Juan viven juntas.

9. ● Necesito _____ arroz para hacer una paella.
   ❍ Pues solo tenemos _____ patatas.
   ● Entonces podemos hacer una tortilla.

10. ● ¿Cuál es tu equipo de fútbol español preferido?
    ❍ _____ mío es _____ Real Madrid.
    ● Pues _____ mío es el Deportivo de La Coruña.

11. ● Te presento a Ángela, _____ novia de mi hermano.

12. ● ¿Tienes _____ ordenador en _____ casa o solo en _____ oficina?

7 Lesen Sie diese Postkarten, die Lucia von Freunden aus dem Urlaub bekommen hat.

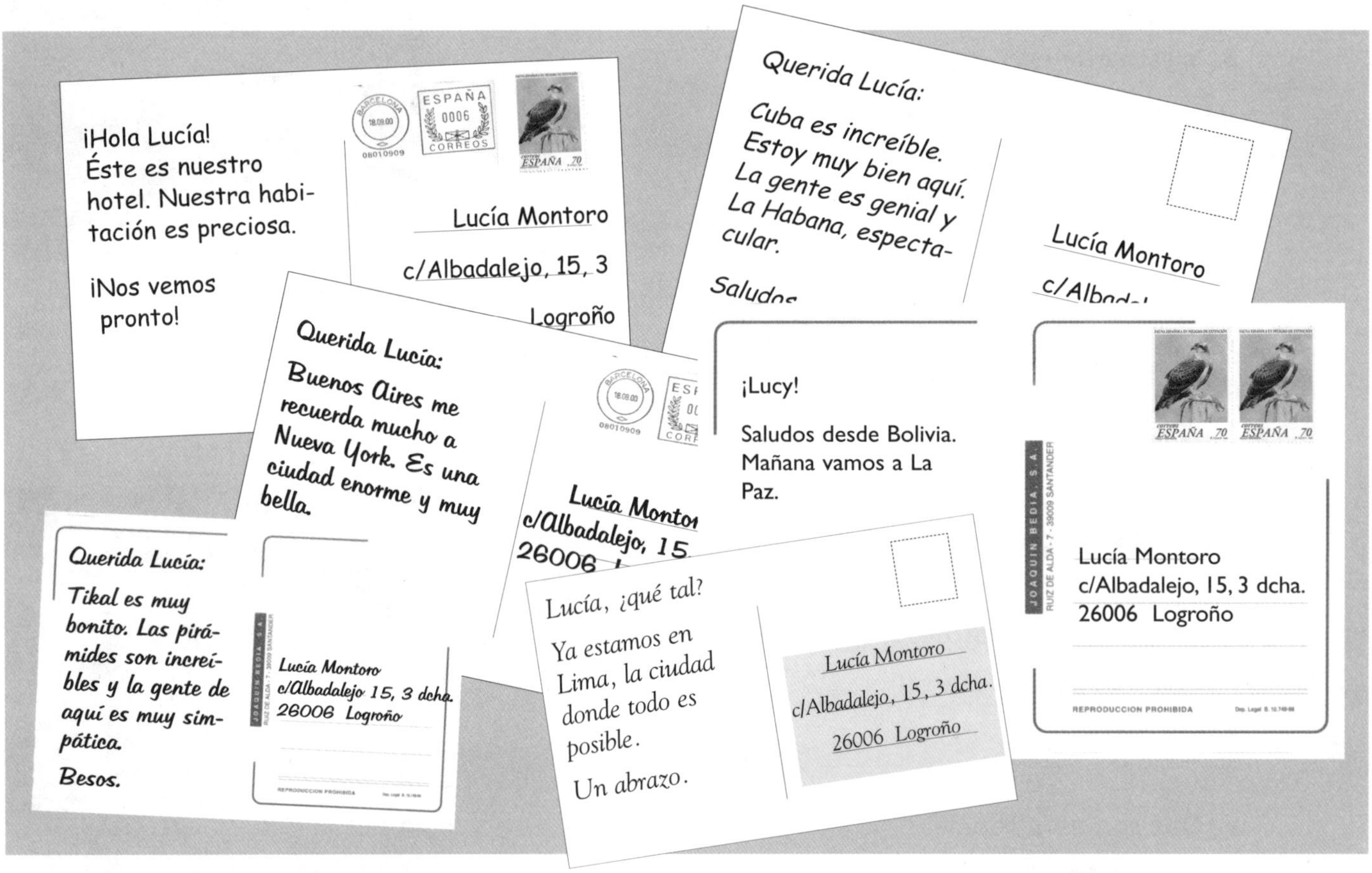

Stellen Sie sich nun vor, Sie befinden sich an diesen drei Orten. Schicken Sie Ihren Freunden eine Karte und formulieren Sie ein paar Sätze auf Spanisch.

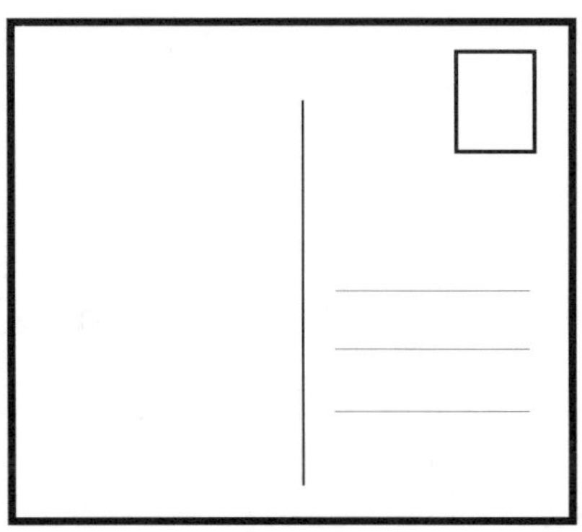

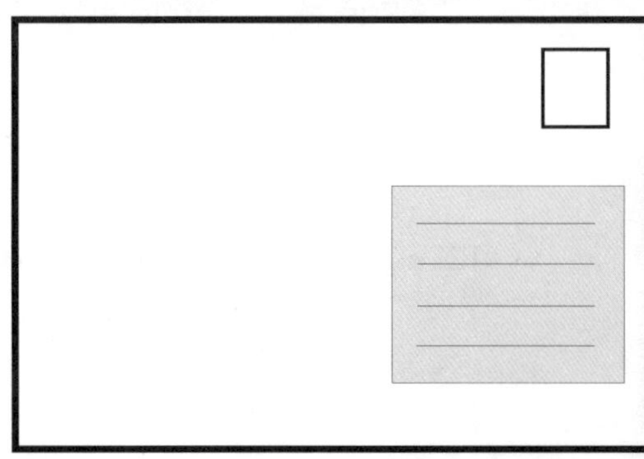

8 Setzen Sie in diesen Sätzen die richtige Form des Verbs **ser** ein.

1. Vosotros sois alemanes, ¿verdad?
2. ¿Tú ______ Paco Puente?
3. Éste ______ mi amigo Federico y éstos ______ su mujer y sus hijos.
4. ¿Usted ______ la Directora General?
5. Esto ______ Córdoba y esto ______ la Mezquita.
6. ● Ustedes ______ japonesas, ¿verdad?
   ○ No, ______ chinas.
7. Nosotros ______ venezolanos, de Caracas.
8. No, no. Yo no ______ el Jefe de Ventas, yo ______ el Director de Marketing.
9. ______ un sitio muy interesante.
10. ______ una palabra que empieza por eme.
11. Mira, éstos ______ nosotros en Tegucigalpa.
12. ¿Y esto qué ______?

9 Lesen Sie die folgenden Situationen und formulieren Sie Fragen wie im Beispiel.

1. Sabes que en la empresa Basp hay una Directora General, pero no la conoces personalmente.
   ¿Quién es la Directora General de Basp?
2. En un mercado en el Caribe, ves por primera vez una especie de fruta. ¿Qué preguntas?
   ______
3. Te habla por teléfono una persona que no conoces y que te habla en español. ¿Qué le preguntas?
   ______
4. Una amiga te enseña una foto de una niña. No la conoces.
   ______

5. En una fiesta ves a Gustavo, un amigo, hablando con una chica. ¿Qué preguntas a otro invitado?
   ______
6. Llegas a clase de español y ves a unos estudiantes nuevos, que tú no conoces. ¿Qué preguntas a otro compañero?
   ______
7. Encima de tu escritorio encuentras un paquete extraño. ¿Qué preguntas?
   ______

8. En un viaje a la India te ofrecen una bebida que no conoces. Antes de probarla, ¿qué preguntas?
   ______

10 Verbinden Sie die folgenden Sätze mit **que** oder **donde**. Sehen Sie sich das Beispiel an.

Es una palabra española. Tiene cinco letras. ⟶ Es una palabra española que tiene cinco letras.

Es un plato típico argentino. Se come en toda Argentina. ______

Ésta es la escuela Galdós. Aquí estudia mi hermana. ______

Éste es el hotel. En este hotel pasamos las vacaciones. ______

Éstos son unos amigos míos. Viven en Montevideo. ______

Berta es la tía de Antonio. Berta vive en Madrid. ______

Ésta es la casa. Mis padres tienen esta casa en Monterrey. ______

Éste es el gimnasio "Sabatini". En este gimnasio me entreno. ______

Esto es un programa de ordenador. Sirve para traducir textos. ______

Éste es un sitio típico. Se baila y se canta flamenco. ______

11 Schreiben Sie alle Verwandtschaftsbeziehungen zwischen Carla und den anderen Mitgliedern ihrer Familie auf.

Santiago y Leonor son los abuelos de Carla.

Santiago y Leonor son sus abuelos.

12 Bringen Sie doch einmal Fotos Ihrer Familie in den Unterricht mit und stellen Sie sie einem anderen Kursmitglied vor.

• Éste es Pedro. Es un tío mío. Es el hermano de mi madre...

3 Kosei encuentra piso

Jueves 15. Kosei busca piso. Compra el periódico *La Vanguardia* y mira los anuncios.

Aragón-Sicilia: ático exterior, dormitorio, salón-comedor, cocina amueblada. Electrodomésticos. Baño completo. Armarios empotrados. Terraza. Ascensor. Teléfono: 93 205 67 89. Alquiler: 500 euros al mes.

Kosei busca en el diccionario las palabras "empotrados" y "ático".

–Un ático está muy bien –piensa–, pero es muy caro. Quinientos euros al mes es mucho.

Estudiante española busca estudiantes extranjeros para compartir piso. Céntrico. Tel. 93 342 54 63.

–Esto está bien –piensa Kosei–. Vivir con una española, hablar en español...

Junto estación de Sants: habitación para estudiante con derecho a cocina, lavadora. 200 euros/mes. Familia seria. Tel. 93 2478839.

–Éste no está mal... Vivir con una familia puede estar bien. Y, además, es barato.

A las 14h Kosei llama al piso de la estación de Sants y a las 16h va a verlo. La madre, una mujer muy simpática, le enseña todo:

–Esto es la cocina, esto es el salón, esto es el baño, éstos son los dormitorios de los niños, éste es el dormitorio de mi marido y mío, y ésta es tu habitación...

Es una habitación pequeña, con un armario, una cama pequeñísima, una mesa y una silla.

–Esta habitación es demasiado pequeña –piensa Kosei.

Llaman a la puerta y llegan los hijos. Seis.

–Mira, éstos son mis hijos –dice la señora.

–Encantado –dice Kosei.

–Oh, no, demasiados niños. Yo no quiero vivir con seis niños –piensa.

–Bueno, muchas gracias. Tengo que pensar si me interesa el piso o no –le dice Kosei a la señora.

–De acuerdo. Hasta pronto.

A las 17h Kosei llama al otro piso y a las 18h va a verlo. Es un edificio muy antiguo, cerca del Barrio Gótico, un barrio muy conocido de Barcelona, donde está la catedral. El piso es muy viejo, pero es muy grande y tiene mucha luz.

–¡Qué bonito! –piensa Kosei.

La chica es simpática, se llama Victoria, es estudiante de Medicina y tiene 22 años. El piso es de su abuela, pero su abuela vive en Premiá, un pueblo al lado del mar, cerca de Barcelona.

–Busco estudiantes extranjeros porque quiero practicar inglés y conocer otras culturas –dice la chica.

–Yo hablo un poco de inglés, pero no mucho –dice Kosei.

–Bueno, no importa. ¿Quieres vivir aquí?

–Sí, fantástico. ¿Y quién más vive en el piso?

–Vive Nelson, que es un estudiante brasileño, de São Paulo, y Grit, que es una estudiante alemana, de Berlín. Normalmente hablamos en español, pero, a veces, hablamos en inglés. Ah, y yo me llamo Victoria.

–Y yo Kosei. ¿Puedo instalarme mañana?

–Estupendo.

Unidad 4

Übungen

1. Berühmte Personen identifizieren
2. Reflexivpronomen
3. Gebrauch des unbestimmten Artikel
4. Berufe bewerten
5. Tú/usted
6. Geschlecht und Zahl von Adjektiven
7. Nationalitätsbezeichnungen
8. Schriftlicher Ausdruck: "Klischees"
9. Fragen stellen
10. Persönliche Angaben
11. Wortgruppen
12. Zusammengesetzte Zahlen (von 20 bis 99)
13. Zahlenfolgen bilden
14. Buchstabensuppe: Nationalitätsbezeichnungen
15. Die Laute s, c und z

LEKTÜRE

En Barcelona sin Mónica: *Una nueva vida*

1 Sie kennen sicher diese Personen. Wie würden Sie sie jemandem beschreiben, der sie nicht kennt?

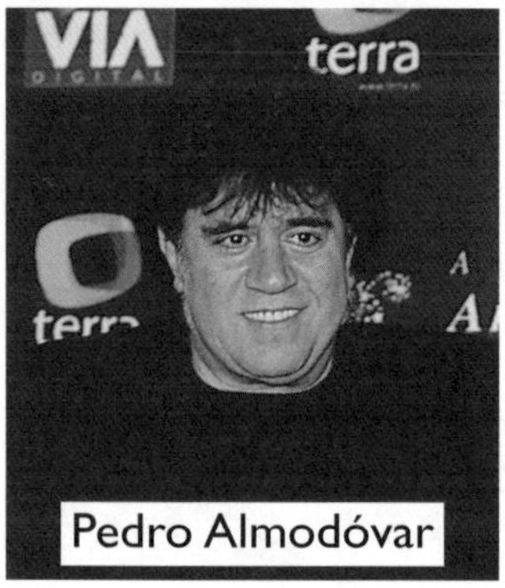
Pedro Almodóvar

Enrique Iglesias

Penélope Cruz

• Pedro Almodóvar es un director de cine español.

Beschreiben Sie auch die anderen Personen von Seite 42 im Lehrbuch.

2 Setzen Sie in diesen Dialogen die passenden Reflexivpronomen ein.

• ¿Cómo _____ llama usted?
○ Ignacio García Paredes.

• ¿Cómo _____ llama tu novio?
○ Roberto.

• ¿Cómo _____ llamáis?
○ Yo, Clara.
■ Yo, María. ¿Y tú?
• Yo también _____ llamo María.

• Muchos españoles _____ llaman José o Pepe.

• Tú _____ llamas Antonio, ¿verdad?
○ Sí, Antonio. O Toño, para los amigos.

• ¿A qué _________ dedica tu hermana?
○ Es abogada.

• ¿A qué _____ dedican tus padres?
○ Mi madre trabaja en una tienda y mi padre en una fábrica.

• ¿A qué _____ dedicáis vosotros?
○ Yo soy abogado y él, ingeniero.

3 Mit oder ohne unbestimmten Artikel?

• ¿Quién es Arturo Ripstein?
○ Es _____ director de cine mexicano.

• ¿A qué te dedicas?
○ Soy _____ médico. Trabajo en un hospital.

• ¿A qué se dedica Carlos?
○ Es _____ químico.

• ¿Quién es Alejandro Sanz?
○ Es _____ cantante español.

• Tu hermano es _____ profesor de español, ¿verdad?
○ No, es _____ profesor de francés.

• ¿Quién es Cristina Peri Rossi?
○ Es _____ escritora uruguaya.

4 Hier sehen Sie eine Reihe von Berufen. Bewerten Sie sie mit Formulierungen wie: **Ser ... es muy aburrido/interesante/difícil/duro**... Benutzen Sie die Adjektive, die sie bereits kennen, oder suchen Sie die, die sie benötigen, im Wörterbuch.

Ser fotógrafo es muy interesante.

fotógrafo
piloto de aviación
minero
guía turístico
médico
futbolista
empleado de banca
funcionario
periodista
arqueólogo
profesor de español

5 Lesen Sie noch einmal den Text von Übung 7 auf Seite 48 im Lehrbuch. Notieren Sie alle Unterschiede im Gebrauch der vertraulichen und der höflichen Anrede im Deutschen und im Spanischen.

Tú
y
Usted

6 Bestimmen Sie Geschlecht und Zahl der folgenden Wörter und tragen Sie sie in die Tabelle ein. Achtung: Manche Adjektive passen in mehrere Spalten.

unos chicos uruguayos
una ciudad argentina
importantes
bonita
muchos estudiantes
una escritora peruana
una periodista
grandes
buenos
una persona trabajadora
unos amigos ingleses

MASCULINO		FEMENINO	
singular	plural	singular	plural

7 Setzen Sie in diesen Sätzen die Nationalitätsbezeichnungen ein.

1. Marie es ______________ (Francia) y Damon es ______________ (Escocia).
2. ¿Martina es ______________ (España) o ______________ (Argentina)?
3. ¿Ariel es ______________ (Israel) o ______________ (Irak)?
4. Ernesto y Virginia son ______________ (Nicaragua).
5. Ustedes son ______________, ¿verdad? (Canadá).
6. Ese chico es ______________, ¿verdad? (Bélgica).
7. Silvia y Laura son ______________ (Italia).
8. No, Pancho es ______________ (México).
9. Rogério es ______________, ¿no? (Brasil).
10. Nosotros somos ______________ (Austria).
11. ¿Vosotras sois ______________ (Chile)?
12. Mi madre es ______________ (Guatemala).

8 Schreiben Sie für einen Zeitungsartikel über die Deutschen einen kleinen Text wie auf Seite 49 im Lehrbuch. Beschreiben Sie dabei, welche Klischees ihnen anhaften und wie Ihrer Meinung nach die Realität aussieht.

9 Sie konnten einen Teil dieser Gespräche nicht verstehen. Können Sie die richtigen Fragen zu den Antworten herausfinden?

1. •
   ○ Elena Torres Sanjuán. ¿Y usted?
2. •
   ○ Paraguaya, de Asunción. ¿Y tú?
3. •
   ○ ¿Mi hermano? Es estudiante.
4. •
   ○ Tomás es biólogo y Ana es profesora de Matemáticas.
5. •
   ○ ¿Mi hermana? Mi hermana tiene dieciséis años. ¿Por qué?
6. •
   ○ ¿Andrés Calamaro? Es un cantante argentino muy bueno.
7. •
   ○ No, Nicolás no es español. Es nicaragüense.
8. •
   ○ Tres. Dos niños y una niña.

10 Lesen Sie aufmerksam diese Gespräche. Füllen Sie dann die beiden Karteikarten aus.

1

- Usted es chilena, ¿verdad?
- ○ Sí, de Valparaíso.
- ¿Y cómo se llama?
- ○ Cristina Salas Viglietti.
- ¿Y a qué se dedica?
- ○ Soy periodista. Trabajo en una revista de Buenos Aires.
- ¿Y cuántos años tiene usted?
- ○ Treinta y tres.

NOMBRE ______
APELLIDOS ______
NACIONALIDAD ______
PROFESIÓN ______
EDAD ______

2

- Y tú, ¿cómo te llamas?
- ○ Juan. Juan Sánchez Trobo.
- Sánchez...
- ○ Sánchez Trobo.
- ¿Eres estudiante?
- ○ Sí.
- Eres muy joven, ¿no?
- ○ Tengo diecinueve años.
- ¿Y de dónde eres?
- ○ Soy venezolano.

NOMBRE ______
APELLIDOS ______
NACIONALIDAD ______
PROFESIÓN ______
EDAD ______

11 Welche Wörter passen nicht in diese Wortgruppen? Ordnen Sie sie richtig zu.

1	2	3
estudiante	francés	antipático
músico	escritor	fuerte
abogado	nicaragüense	amable
médico	argentino	europeo
colombiano	chileno	serio
		inteligente

12 Schreiben Sie diese Ziffern aus.

21		58	
24		69	
27		79	
32		85	
46		93	

13 Diese Zahlenfolgen unterliegen einer bestimmten Logik. Können Sie sie fortsetzen?

1. veintiuno | veinticuatro | veintisiete | treinta | ____ | ____ | ____
2. siete | catorce | veintiocho | cincuenta y seis | ____ | ____ | ____
3. sesenta y dos | sesenta | cincuenta y ocho | ____ | ____ | ____
4. ciento setenta y seis | ochenta y ocho | ____ | ____ | ____
5. quince | veinticinco | veinte | treinta | veinticinco | ____ | ____ | ____

14 Suchen Sie in dieser Buchstabensuppe neun Nationalitätsbezeichnungen spanischsprachiger Länder.

T	B	A	X	V	V	D	F	A	C	Z	G	A	Y	X	B	U	T	D
L	O	F	R	M	E	X	I	C	A	N	A	N	I	C	F	Q	O	V
G	L	G	T	G	N	P	A	R	A	G	U	A	Y	O	V	H	F	H
H	I	T	A	B	E	P	O	R	T	O	R	R	I	Q	U	E	Ñ	O
F	V	C	S	R	Z	N	I	C	A	R	A	G	Ü	E	N	S	E	N
S	I	H	U	T	O	F	T	L	Q	D	E	Z	L	S	V	U	E	D
P	A	A	G	B	L	C	H	I	L	E	N	A	Q	P	G	A	Z	U
Z	N	U	V	G	A	V	Z	T	N	O	E	C	D	A	V	U	Z	R
O	A	I	O	G	N	N	Z	A	X	O	B	V	Y	Ñ	X	Z	A	E
G	S	A	T	F	A	B	O	Z	E	D	S	Q	V	O	T	D	I	Ñ
L	F	Z	Q	V	S	U	A	S	T	M	L	N	M	L	O	X	Y	A

Erstellen Sie nun alle gemeinsam eine Liste der Nationalitätsbezeichnungen. Jede/r nennt eine, während ein Kursmitglied alle genannten Bezeichnungen an die Tafel schreibt.
Wie viele Nationalitätsbezeichnungen kennen Sie schon auf Spanisch?

15 Wie Sie bereits gesehen haben, gibt es für den Laut /ø/mehrere Schreibweisen. Hören Sie die Wörter, die Ihnen Ihr/e Lehrer/in vorliest und überlegen Sie, ob sie mit **s**, **c** oder **z** geschrieben werden.

¿ s c z ?

1. ____________
2. ____________
3. ____________
4. ____________
5. ____________
6. ____________
7. ____________
8. ____________
9. ____________
10. ____________
11. ____________
12. ____________

4. Una nueva vida

Kosei está muy contento. Ya tiene casa en Barcelona. Además, su habitación es grande, tiene mucha luz y ve la torre de la catedral. Deja la maleta y va al salón. Poco después llega Nelson.

–Hola, soy Nelson. ¿Tú eres el chico nuevo?

–Sí, soy Kosei.

–Eres japonés, ¿verdad?

–Sí, se nota, ¿no? Tú eres brasileño, ¿verdad?

–Sí, de São Paulo.

–¿Y a qué te dedicas?

–Estudio Arquitectura. La Escuela de Arquitectura de aquí de Barcelona es muy buena, ¿sabes? ¿Y tú?

–Yo soy informático.

–¡Ah! Eso es estupendo. Siempre tengo problemas con mi ordenador... ¿Y qué haces en Barcelona?

–Ahora, nada.

–¿Y no estudias español?

–Bueno, quiero estudiar, pero no sé dónde...

–Yo estudio en una Escuela Oficial. Está muy bien y es bastante barata. Y justo ahora empieza un curso.

–Ah, qué bien...

–¿Quieres venir el lunes conmigo para informarte?

–Sí, perfecto.

A las cinco de la tarde llega Grit.

–Hola a todos...

–Hola, Grit, ¿qué tal? –le dice Nelson.

–Uf, ¡qué día! Estoy muy cansada.

–Mira, Grit, éste es Kosei, el chico nuevo –dice Victoria.

–Ah, hola, Kosei, ¿qué tal?

–Bien, ¿y tú?

–Bien. Bueno, esto es estupendo: un brasileño, un japonés, una española y una alemana... Este piso parece la ONU... –dice Grit.

Todos se ríen.

–¿Y cómo te apellidas, Kosei? –pregunta Victoria.

–Murata.

–¿Solo tenéis un apellido en Japón?

–Sí, solo uno. El apellido del padre.

–Igual que en Alemania –dice Grit.

–Pues en Brasil normalmente usamos el apellido de la madre y el del padre. Pero podemos quitar el de la madre –explica Nelson–. El del padre queda siempre.

–¿Y tú cómo te apellidas? – pregunta Kosei.

– Campos.

–Ah...

–Espera, espera. Mira, –Nelson enseña su pasaporte– me llamo Almeida de Oliveira Campos. Almeida de Oliveira es el apellido de mi madre y Campos es el de mi padre.

–¡Madre mía, qué lío! –dice Victoria.

–Bueno, los españoles también tenéis dos apellidos.

–Sí, pero los apellidos españoles no son tan largos: Martínez, Hernández, Gómez, Fernández, López...

–López –piensa Kosei– como Mónica. ¿Dónde está Mónica?

Y va corriendo a mirar su móvil. Todo el día mira el móvil, pero Mónica no llama.

Un rato después, Grit, Nelson y Kosei van a tomar una copa a la Plaza Real. Grit lleva su cámara fotográfica.

–Pareces japonesa –dice Kosei.

–Es que soy fotógrafa.

–¿En serio?

–Sí. Estoy aquí para hacer un reportaje sobre la vida cotidiana de los jóvenes españoles.

–Qué interesante.

–Sí, la verdad. Conozco a muchos jóvenes, hablo con ellos de sus problemas y salgo mucho...

–¿Y los jóvenes españoles son como los alemanes?

–Sí, más o menos. Piensan en las mismas cosas: en el amor, en los amigos, en sus padres, en el futuro, en el trabajo... –dice Grit.

– Yo creo que los jóvenes españoles salen de noche mucho más que los brasileños... –dice Nelson.

–Sí, puede ser. Oye, Kosei, todo el mundo dice que los japoneses son muy educados y muy respetuosos, ¿es verdad?

–Sí, yo creo que en general sí. Por ejemplo, aquí en España tienen "tú" y "usted" y nosotros tenemos muchas formas de "usted", muchas. Depende de si hablas con una persona mayor, con un jefe, con un joven un poco mayor que tú, con tus padres, con tus abuelos...

–¡Qué lío!

–¿Y los alemanes cómo sois? –le pregunta Kosei a Grit.

–Bueno –dice Nelson–, no sé cómo es la mayoría de los alemanes, pero Grit es una cabeza cuadrada...

–Je, je, muy gracioso –dice Grit, un poco enfadada.

–¿Cabeza cuadrada? –pregunta Kosei–. ¿Qué significa "cabeza cuadrada"?

–Nada, es un estereotipo de los alemanes –dice Grit.

–Significa que son testarudos, que cuando tienen una idea no la cambian...

–Voy a buscar en el diccionario la palabra "testarudo".

–Tienes que buscar, también, la palabra "fresco" –le dice Grit a Kosei– para hablar de Nelson... Fresco, informal y vago...

–Eso son tópicos... Todo el mundo piensa que los brasileños hacemos mucho ruido, que bailamos todo el día, que no trabajamos y que vamos medio desnudos por la calle... Pero en Brasil la gente trabaja mucho, muchas más horas que aquí y vamos vestidos como en cualquier país civilizado.

–Ya, ya –le dice Grit en broma.

Kosei abre el diccionario y pregunta:

–¿"Vago" se escribe con be o con uve?

Grit le hace una foto a Kosei buscando la palabra en un minidiccionario español-japonés. Nelson pide más cervezas. Empieza el primer fin de semana de Kosei en Barcelona.

Unidad 5

Übungen

1. **Einen Ort geografisch situieren**
2. **Geografie Spaniens**
3. **Präpositionen.** Al **und** del
4. **Ortsangaben**
5. **Den Weg beschreiben**
6. Hay **und** está/n
7. **Vokabular**
8. **Geschäfte**
9. **Ortsangaben**
10. **Eine Postkarte schreiben**
11. Un / uno / una, ningún / ninguno / ninguna
12. **Sagen, wo sich etwas befindet**
13. **Den Grundriss einer Wohnung zeichnen**
14. Cuánto/a/os/as
15. Estar + **Gerundium**

LEKTÜRE

En Barcelona sin Mónica: *¿Dónde está Mónica?*

1 In einem Wettbewerb werden Sie aufgefordert, die geografische Lage Deutschlands so genau wie möglich zu beschreiben. Sie haben fünf Minuten Zeit, einen kleinen Text zu schreiben.

Mi país está...

Es sieht so aus, als würden Sie den Wettbewerb gewinnen. Sie müssen nur noch angeben, wo sich Ihr Wohnort befindet.

Mi ciudad está...

2 Beantworten Sie diese Fragen zur Geografie Spaniens. Nehmen Sie dazu den Text auf Seite 54 im Lehrbuch zu Hilfe.

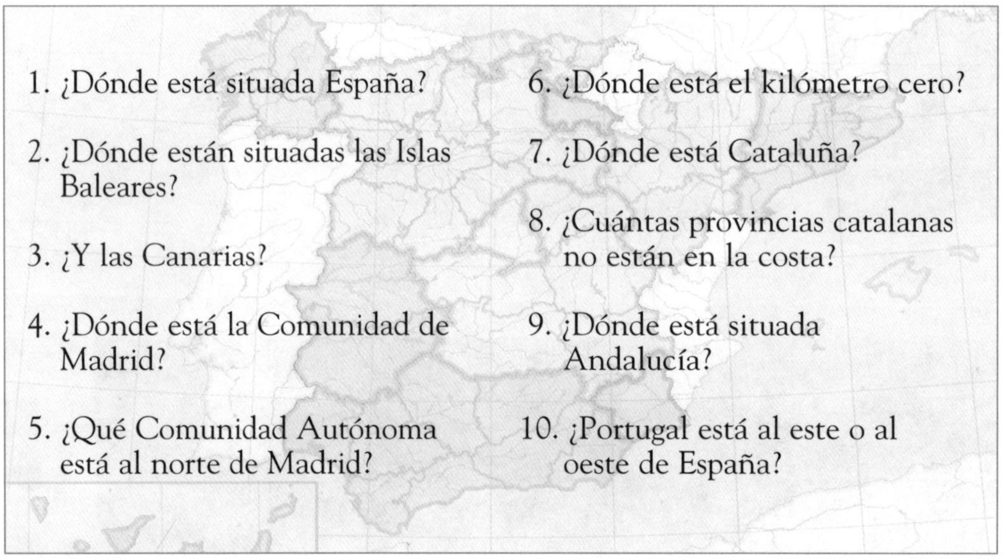

1. ¿Dónde está situada España?
2. ¿Dónde están situadas las Islas Baleares?
3. ¿Y las Canarias?
4. ¿Dónde está la Comunidad de Madrid?
5. ¿Qué Comunidad Autónoma está al norte de Madrid?
6. ¿Dónde está el kilómetro cero?
7. ¿Dónde está Cataluña?
8. ¿Cuántas provincias catalanas no están en la costa?
9. ¿Dónde está situada Andalucía?
10. ¿Portugal está al este o al oeste de España?

3 Ergänzen Sie in diesen Dialogen die passenden Präpositionen. Achten Sie auf die Formen **al** und **del**.

1. ● ¿Castilla-León está _____ este o _____ oeste _____ Madrid?
   ❍ Está _____ norte.
2. ● Hay una provincia catalana que no está _____ la costa, ¿verdad?
   ❍ Sí, Lleida. Todas las demás están _____ la costa.
3. ● Las Baleares están _____ el Mediterráneo y las Canarias, _____ el Atlántico, ¿no?
   ❍ Exacto.
4. ● ¿Qué Comunidad Autónoma está _____ el centro de la Península Ibérica?
   ❍ Madrid.
5. ● Silvia, ¿con qué países limita España?
   ❍ _____ norte con Francia y _____ oeste, con Portugal.
6. ● ¿Vas _____ coche o _____ avión a Miami?
   ❍ _____ avión.
7. ● Para ir a la catedral _____ pie, cruza esta calle, pasa _____ una plaza y sigue _____ un parque. Detrás _____ parque, está la catedral.
8. ● Perdone, ¿ _____ ir _____ la playa _____ autobús?
9. ● Seguís todo recto _____ esta calle _____ un semáforo. Allí giráis _____ la izquierda.
10. ● Perdone, ¿ _____ ir _____ centro, por favor?
11. ● ¿Vais _____ moto o _____ pie?
12. ● Voy a dar un paseo _____ la playa.

4 Schreiben Sie die richtige Ortspräposition unter die jeweilige Zeichnung.

encima (de)
debajo (de)
detrás (de)
delante (de)
enfrente
dentro (de)
al lado (de)
entre

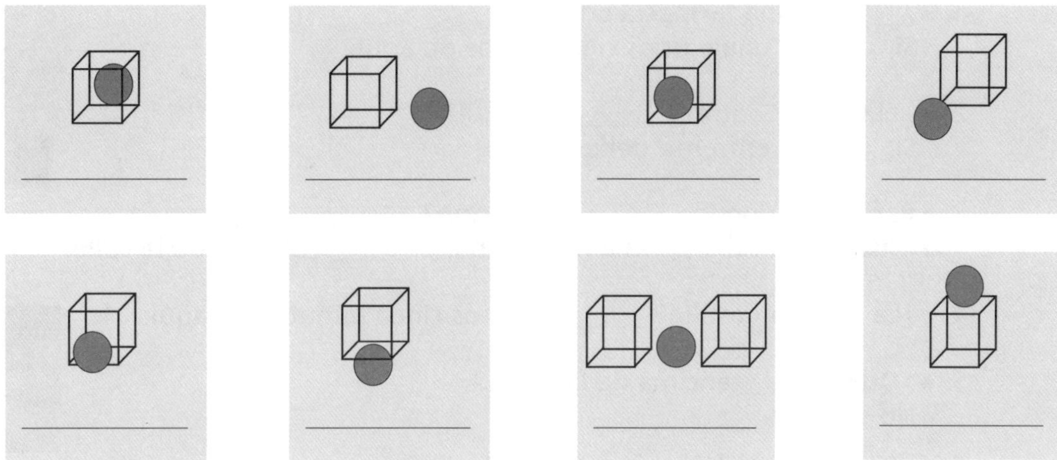

5 Der Pizzaauslieferer stellt Ihnen am Eingang der Pizzeria folgende Fragen. Antworten Sie mithilfe der Karte.

1. ● ¿Sabes si hay una cabina telefónica cerca de aquí?
   ❍ ______________________________
2. ● Perdona, ¿sabes dónde hay un cajero automático?
   ❍ ______________________________
3. ● ¿Para ir al lago, por favor?
   ❍ ______________________________
4. ● ¿La tienda de "souvenirs" está muy lejos de los lavabos?
   ❍ ______________________________
5. ● ¿El campamento nº 3 está muy lejos de la máquina de bebidas?
   ❍ ______________________________
6. ● Perdona, ¿la máquina de bebidas está muy lejos del cajero automático?
   ❍ ______________________________

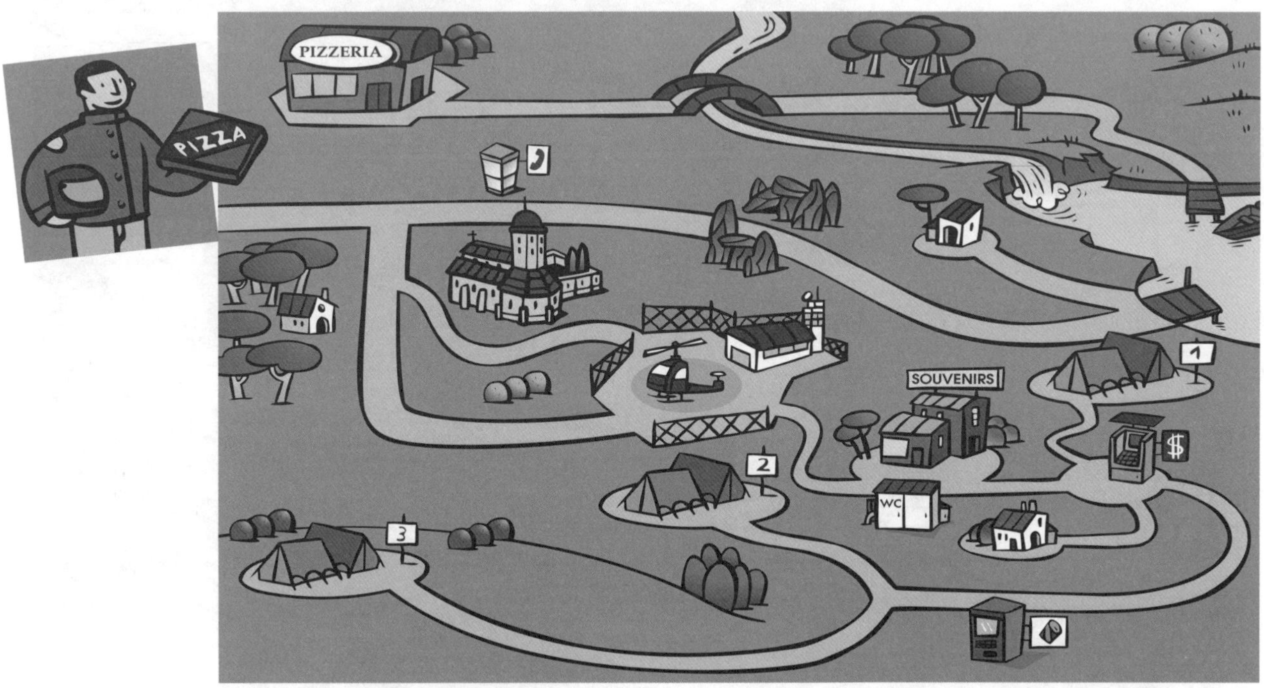

6 Setzen Sie **hay** oder **está/n** ein.

1. ● ¿_______ una farmacia por aquí?
   ○ Sí, _______ una a unos cien metros de aquí.

2. ● ¿El Banco Central _______ por aquí?
   ○ Sí, _______ enfrente del quiosco.

3. ● Perdona, ¿dónde _______ la estación?
   ○ Cruzas esta calle, giras a la derecha, y _______ al final de la calle.

4. ● ¿La librería Castilla? _______ a unos cinco minutos de aquí.

5. ● ¿Qué _______ encima de la cama?
   ○ No sé.

6. ● ¿Cuántas catedrales _______ en Sevilla?
   ○ Una.

7. ● ¿Guatemala _______ en Centroamérica o en Sudamérica?
   ○ En Centroamérica.

8. ● ¿ _______ algo allí?
   ○ No, no _______ nada.

9. ● Perdone, ¿ _______ una cabina telefónica cerca de aquí?
   ○ Sí, mira, allí _______ una.

10. ● Perdona, ¿la calle Corrientes _______ por aquí?
    ○ Sí, es ésta.

7 Erinnern Sie sich noch an die Landschaftsbezeichnungen?

8 Welche Waren werden wohl in diesen Geschäften verkauft? Die Namen helfen Ihnen dabei.

panadería | pastelería | frutería | carnicería | tienda de muebles
papelería | zapatería | librería | perfumería

● En una papelería venden papel, bolígrafos...

Wissen Sie auch, was man in diesen Geschäften kaufen kann? Besprechen Sie es mit einem anderen Kursmitglied, und schreiben Sie es auf.

QUIOSCO	SUPERMERCADO	DROGUERÍA	ESTANCO

Ordnen Sie nun die folgenden Geschäfte, je nachdem, ob man dort Lebensmittel kaufen kann oder nicht.

papelería
estanco
panadería
librería
pastelería
zapatería
frutería
carnicería
perfumería
farmacia
tienda de ropa
droguería

ALIMENTOS	OTROS

9 In Ihrer Stadt wird ein neues Einkaufszentrum gebaut. Sehen Sie sich diesen Plan an und überlegen Sie sich, wo Sie die folgenden Geschäfte unterbringen würden.

farmacia
droguería
estanco
quiosco
tienda de ropa
papelería
librería
perfumería
zapatería
pastelería

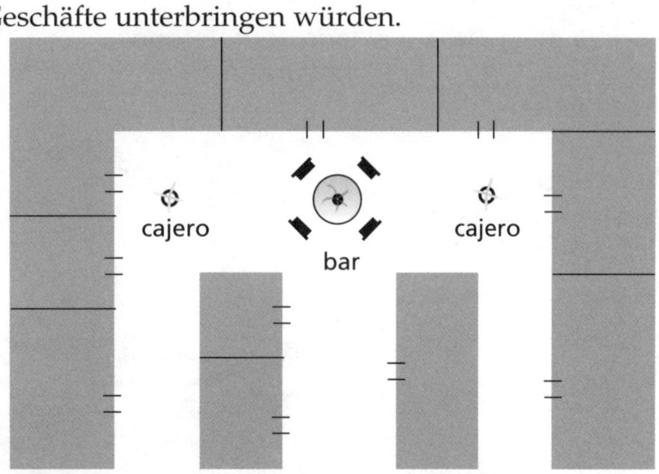

Besprechen Sie nun mit einem anderen Kursmitglied, wo sich die Geschäfte befinden. Haben Sie für eines denselben Ort gewählt?

● La farmacia está al lado de la perfumería y enfrente del bar.

10 Wo würden Sie gern den nächsten Urlaub verbringen? Stellen Sie sich vor, Sie wären jetzt dort. Schreiben Sie einem Freund eine Karte und beschreiben Sie diesen Ort. Notieren Sie auch den Namen und die Anschrift.

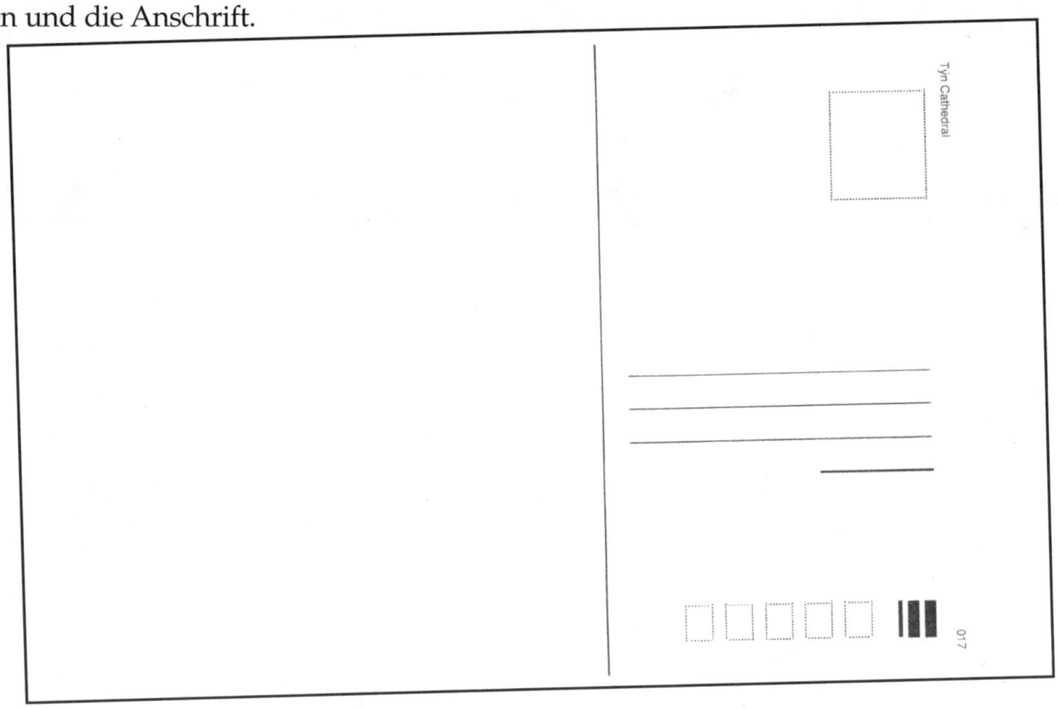

11 Setzen Sie in diesen Sätzen **un, uno, una** o **ningún, ninguno, ninguna** ein.

1. ● ¿Tienes ________________ diccionario?
   ○ En mi dormitorio hay ________________.

2. ● ¡Qué dolor de cabeza! Necesito una aspirina. ¿Tiene usted ________________ ?
   ○ No, lo siento.

3. ● Perdone, ¿para ir al lago?
   ○ Por aquí no hay ________________ lago.

4. ● Encima de la mesa o al lado del teléfono hay ________________ bolígrafo.
   ○ Aquí también hay ________________.

5. ● Aquí cerca hay ________________ restaurante uruguayo.
   ○ Cerca de mi casa también hay ________________.

6. ● No, por aquí no hay ________________ cajero automático.

7. ● En la nevera hay ________________ botella de agua, creo.

8. ● ¿Tienes discos de música latinoamericana?
   ○ Solo tengo ________________.

9. ● ¿Dónde hay ________________ gasolinera?
   ○ Hay ________________ allí mismo, en la esquina.

10. ● ¿La Ópera está cerca?
    ○ Es que aquí no hay ________________ Ópera.

12 In diesem Zimmer befinden sich an verschiedenen Stellen dieselben Dinge. Erklären Sie, wo sich jeweils zwei gleiche Dinge befinden.

• Hay un móvil en la mesita, otro debajo del escritorio...

13 Zeichnen Sie einen Grundriss Ihrer Wohnung und beschriften Sie die Zimmer.

Beschreiben Sie Ihre Wohnung anschließend einem anderen Kursmitglied, das versucht, den Grundriss aufgrund Ihrer Beschreibung zu zeichnen.

• Mi casa tiene una sala, dos dormitorios...

14 Setzen Sie in diesen Fragen **cuánto/s** oder **cuánta/s** ein.

1 ¿__________ habitantes tiene Bogotá?
2 ¿__________ café quieres?
3 ¿__________ personas hablan español en el mundo?
4 ¿A __________ kilómetros de Madrid está Sevilla?
5 ¿__________ días estuviste en Italia?
6 ¿__________ arroz hay en el armario de la cocina?

7 ¿__________ horas duermes al día?
8 ¿__________ playas hay en Río de Janeiro?
9 ¿ A __________ minutos está la Plaza Mayor de aquí?
10 ¿__________ leche hay en la nevera?
11 ¿__________ supermercados hay en tu calle?
12 ¿En __________ países se habla español?

13 ¿__________ años tienes?
14 ¿__________ discos tienes de música hip hop?
15 ¿__________ hermanos tienes?
16 ¿Y hermanas? ¿__________ tienes?

15 Was tun diese "eñes" gerade?

① 

Está comiendo una hamburguesa.

② 

____

③ 

____

④ 

____

⑤ 

____

⑥ 

____

5 ¿Dónde está Mónica?

El lunes Nelson acompaña a Kosei a la Escuela Oficial de Idiomas para matricularse en español. Kosei tiene que hacer un test para saber su nivel. Está una hora contestando a las preguntas y, después, va al bar para esperar el resultado. A las 12.30h le dicen que está en el segundo nivel y que puede matricularse. Las clases empiezan el miércoles.

En la escuela hay muchos extranjeros: ingleses, alemanes, italianos, portugueses, brasileños, austriacos, belgas, chinos, rusos, checos, polacos y japoneses. Pero también hay españoles que estudian inglés, alemán, francés o italiano. Y hay muchas chicas guapas. Kosei mira a las chicas. "¿Estará Mónica en esta escuela?", piensa. Mónica estudia idiomas y en esta escuela hay mucha, mucha gente... Kosei no puede olvidar a Mónica.

Kosei compra algunas cosas para su dormitorio: una lámpara para la mesilla de noche y otra para la mesa de estudio, una alfombra y unas perchas para colgar la ropa en el armario. Después, por fin, deshace su maleta. En el armario pone su ropa: vaqueros, camisas, camisetas, jerséis, pijamas, calcetines, calzoncillos, un bañador... En un cajón del armario, pone su cámara fotográfica. Y encima de la mesa, su ordenador, una impresora muy pequeña y una caja llena de disquetes. En la mesilla de noche pone una foto de Mónica y, en la pared, al lado de la ventana, un póster de Osaka. "Ésta es mi casa en Barcelona", piensa, un poco triste.

–Victoria, ¿dónde estás? –pregunta Kosei.

–Aquí, en mi dormitorio.

–Tengo que comprar una libreta y los libros de español. ¿Dónde hay una librería por aquí?

–Bueno, para los libros es mejor ir a la Plaza Universidad. Allí al lado, hay una librería muy buena que tiene muchos libros de idiomas. Pero aquí cerca hay una papelería.

–¿Sí? ¿Dónde?

–Mira, saliendo de casa, giras a la izquierda en la primera calle, sigues todo recto y al final, en la esquina, está la papelería.

–La primera a la izquierda y luego todo recto.

–Exacto. Oye, de paso puedes comprar lavavajillas y papel higiénico en la droguería, ¿no?

–¿Droguería? ¿Qué es una droguería?

–Una tienda donde venden productos de limpieza.

–Ah, bueno. ¿Y dónde está?

–Enfrente de la papelería. Cruzas la plaza y está allí mismo.

–Vale. ¿Necesitamos algo más?

–No, creo que no.

–¿Vas a comprar? –le pregunta Nelson a Kosei.

–Sí.

–¿Y están abiertas las tiendas?

–Sí, son las cinco y media.

–Nunca sé cuándo cierran aquí. En São Paulo no cierran al mediodía y cierran mucho más tarde que aquí. No me acostumbro a estos horarios españoles...

–Yo tampoco –dice Kosei–. Levantarse tarde y acostarse tarde...

Kosei va a la droguería, a la papelería y, después, pasea un poco por el barrio. Mira todas las tiendas: hay tiendas de ropa, tiendas de "souvenirs", bares, alguna tienda de fotografía, una tienda de informática, algunas panaderías, algunas fruterías y verdulerías y dos farmacias. No ve ningún supermercado.

–Tengo que preguntarle a Victoria dónde hay uno –piensa.

Después, en casa, se sienta en un sofá para ver la tele, pero, al lado de la tele está el teléfono y debajo del teléfono hay un listín de Barcelona. "¡¡¡Claro!!! Tengo que mirar en el listín para encontrar a Mónica", piensa Kosei. Busca la ele de López y encuentra páginas y páginas de personas que se llaman López y viven en Barcelona. Mira cuántos viven en la calle Hospital. Hay más de cincuenta. Pero Kosei es testarudo y quiere encontrar a Mónica. Escribe todas las direcciones y los teléfonos en su nueva libreta. Y baja a la calle.

Sale de casa, cruza la Vía Layetana pasa por la Plaza de la Catedral y toma la calle Puertaferrisa para llegar directamente a Las Ramblas, pero no sabe dónde está exactamente la calle Hospital.

–Perdone, ¿la calle Hospital está cerca de aquí? –le pregunta Kosei a una señora.

–Sí, mire, es la segunda bajando a la derecha. Primero está la calle del Carmen, que en la esquina hay una iglesia, y la otra, la de abajo, es la calle Hospital.

–Muchas gracias.

Kosei está andando por Las Ramblas y alguien lo llama:

–¿A dónde vas tan deprisa?

Es Nelson.

–Voy a la calle Hospital.

–Está aquí mismo.

–Sí, ya lo sé...

–¿Te acompaño? –le pregunta Nelson.

Kosei no sabe qué decir. Nelson no sabe nada de su problema con Mónica. Y Kosei prefiere estar solo. Pero le cuesta decir que no.

–¿Y qué tienes que hacer en la calle Hospital?

–Oh, cielos –piensa Kosei–, ¿le cuento todo a Nelson o no?

Decide que todavía no.

–Voy a buscar a una amiga.

–Ah, tienes una amiga en Barcelona...

–Bueno, de hecho es una conocida.

Llegan a la calle Hospital. Kosei piensa en su primer día en Barcelona, con su maleta y su móvil, como un estúpido, bajando del taxi en la calle Hospital.

–¿Y en qué número vive tu amiga? –le pregunta Nelson.

–Pues ése es el problema... No sé el número. Solo sé que se llama "López" y que vive en la calle Hospital.

–¿López? ¿Se llama López? Estás loco. ¿Sabes cuántos López hay en este país?

–En la calle Hospital hay más de cincuenta... –le dice Kosei un poco triste y preocupado.

–Bueno, tranquilo. ¿Tienes las direcciones?

–Sí.

–Pues hacemos una cosa: tú preguntas en los números pares y yo en los impares, ¿vale?

–De acuerdo.

–¿Y cómo se llama tu amiga?

–Mónica, Mónica López.

–¿Y no sabes su segundo apellido?

–No.

–¿Sabes cómo se llama su padre o su madre? ¿Tiene hermanos?

–No, no lo sé.

–Bueno, ánimo. Siempre me han gustado las novelas de Sherlock Holmes.

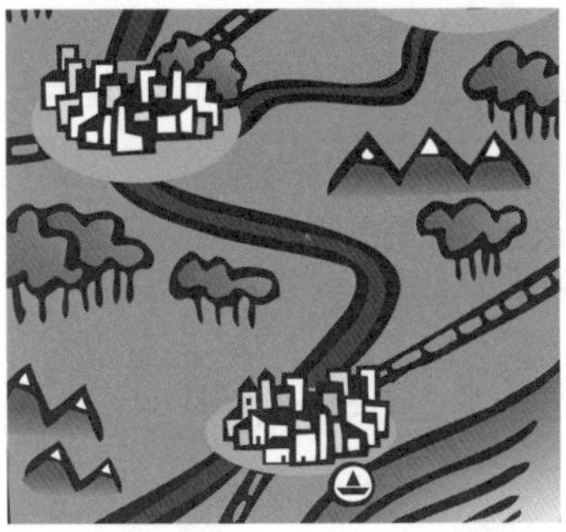

Unidad 6

Übungen

1. Indikativ Präsens: unregelmäßige Verben
2. Preferir
3. Preferir / Es mejor
4. Einen Roboter entwerfen
5. Ungefähre Mengenangaben
6. Wechselkurse
7. Informationen gegenüberstellen
8. Einen Text ergänzen
9. Informationen vergleichen
10. Unterschiede suchen
11. El otro / la otra / los otros / las otras
12. Schriftlicher Ausdruck: "Tu lengua y sus diferencias"
13. Zahlen
14. Spanische Provinzen und Einwohnerzahlen
15. Wortgruppen
16. Urlaub: Ziele auswählen
17. SchriftlicherAusdruck: "España y tu país"

LEKTÜRE

En Barcelona sin Mónica: *Nelson tiene una idea*

1 Fügen Sie in diesen Sätzen die richtigen Verbformen im Indikativ Präsens ein. Was haben all diese Verben miteinander gemein?

1. ● ¿Cuál (*preferir*) ___________ ustedes?
   ○ Yo, éste.
2. ● ¿Cuál (*preferir*) ___________ tú?
   ○ Yo (*preferir*) ___________ éste.
3. ● ¿Cuánto (*costar*) ___________ un café en Puerto Rico?
4. ● Señor Martínez, ¿(*poder*) ___________ poner esto en la biblioteca, por favor?
5. ● ¿(*Poder, tú*) ___________ ir al supermercado?
6. ● ¿(*Jugar, tú*) ___________ al tenis?
7. ● ¿(*Jugar, vosotros*) ___________ al fútbol?
8. ● ¿(*Querer, tú*) ___________ ir en bicicleta o en coche?
9. ● ¿A qué hora (*empezar, ella*) ___________ a trabajar?
10. ● ¿(*Seguir, nosotros*) ___________ por esta calle?
11. ● Para ir a la Plaza Mayor, (*seguir, tú*) ___________ todo recto. Al final de la calle, hay una plaza. Es la Plaza Mayor.
12. ● ¿Cuánto (*costar*) ___________ estas gafas?
    ○ Ochenta y cuatro euros.

2 Besprechen Sie mit einem anderen Kursmitglied, welche dieser Dinge Sie bevorzugen.

● ¿Qué silla prefieres?
○ Ésta. ¿Y tú?

3 Was ist Ihrer Meinung nach besser und warum? Verwenden Sie **preferir** oder **es mejor**.

● Yo prefiero vivir solo, porque así tengo más libertad.

vivir solo o con la familia
pasar las vacaciones en una playa o en una gran ciudad
vivir en una ciudad grande o en un pueblo
vivir en una casa o en un piso
estudiar en una universidad pública o en una privada
ser mujer o ser hombre
trabajar o estudiar

4 Stellen Sie sich vor, Sie wären Erfinder. Entwerfen Sie einen Roboter, der Ihnen alle Alltagsprobleme abnimmt. Schreiben Sie wie er aussieht und was er kann, so wie der Magicamigo 2 und der Robotomic XXY im Lehrbuch beschrieben werden.

5 Wie viel kosten diese Dinge in Ihrer Stadt? Schreiben Sie die Preise in Worten auf oder geben Sie ungefähre Preise mit **unos/unas**... an.

un periódico	______	una camiseta	______
una cinta de vídeo	______	desayunar en un bar	______
una entrada de fútbol	______	un helado	______
un croissant	______	un kilo de naranjas	______
comer en un restaurante	______	una bicicleta	______
un billete de autobús	______	una pizza	______
un CD de música	______	una novela	______

6 Wenn der Wechselkurs für 1 Euro heute 9 indische Rupien beträgt, wie viele Rupien sind dann ...?

ciento cuarenta euros	=	
setecientos veintidós euros	=	
siete mil euros	=	
treinta y cinco euros	=	
tres millones y medio de euros	=	
catorce mil euros	=	
siete millones setecientos mil euros	=	
trescientos mil euros	=	

7 Einige Spanier erzählen Ihnen Folgendes über ihr Land.
Vergleichen Sie die Informationen mit Ihrem Land.

En España la asistencia sanitaria es gratuita.
Muchos españoles se acuestan bastante tarde, a las doce o a la una.
Los españoles desayunan muy poco. Algunos, solo un café o un café con leche.
En invierno, en algunas regiones, en Castilla, por ejemplo, hace mucho frío.
Los españoles gesticulan mucho cuando hablan.
En España se come mucho pescado.
En España la gente come alrededor de las dos del mediodía.
La mayoría de los jóvenes va a discotecas los fines de semana.
En las tardes de verano, en España, la gente suele salir a tomar algo en las terrazas de los bares.
Los españoles fuman mucho.
En las carreteras hay límite de velocidad, 120 km/h en las autopistas y 90 km/h en otras carreteras.

- En invierno, en algunas regiones, en Castilla, por ejemplo, hace mucho frío.
- En Italia, en el norte, también hace bastante frío.

Besprechen Sie Ihre Meinung mit den anderen Kursteilnehmern. Sind Sie alle derselben Meinung?

8 Den folgenden Text über die spanische Sprache kennen Sie bereits. Versuchen Sie, ihn mit den vorangestellten Wörtern zu ergänzen. Manche davon sind mehrmals zu verwenden, und manchmal gibt es mehrere Möglichkeiten.

misma diferencias	igual de la misma manera	mismo distintas	más como parecida

EL ESPAÑOL DE **ESPAÑA** Y EL ESPAÑOL **DE AMÉRICA:** *una lengua, muchas lenguas*

No se habla ______ en Madrid, en Sevilla, en Buenos Aires, o en México D.F.

En un ______ país no hablan igual los campesinos, los obreros, los estudiantes o los escritores. Incluso tampoco hablan igual dos familias ______ de un mismo pueblo.

Lógicamente, una lengua ______ el español, hablada por muchas personas y en muchos países, presenta ______ en las distintas regiones donde se habla.

Algunos sonidos no se pronuncian ______ . Por ejemplo, las eses finales: en Andalucía, en la costa argentina o venezolana, o en Chile, se aspiran o desaparecen. Una expresión como "los hombres", por ejemplo, se pronuncia en algunas regiones "loombre" o "lohombreh".

Por otra parte, hay que señalar que las diferencias (fonéticas, léxicas o sintácticas) son ______ importantes en la lengua familiar que en la lengua literaria o culta, que es muy ______ en todos los países hispanohablantes.

Cualquier hablante de español que viaja a otro país descubre que pueblos con culturas distintas, con una historia distinta, usan la ______ lengua: el español.

9 Vergleichen Sie diese Informationen. Schreiben Sie mindestens fünf Sätze.

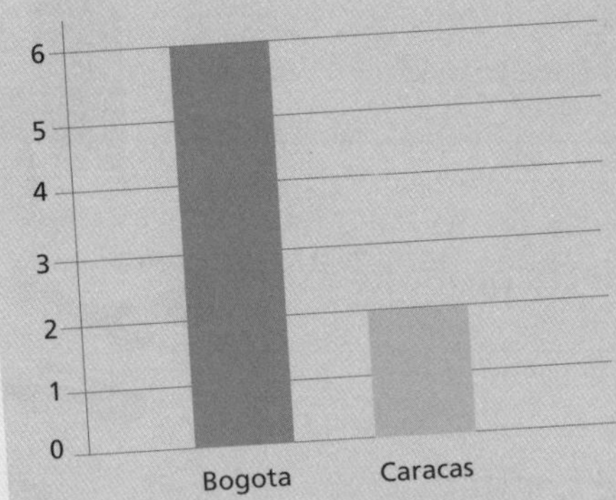

BOGOTÁ

Seis millones de habitantes

CARACAS

Dos millones de habitantes

HOTEL BAHÍA

a 200 metros del mar
discoteca
93 euros/noche
35 habitaciones

HOTEL MIRAFLORES

a dos kilómetros de la playa
piscina, pista de tenis
137 euros/noche
180 habitaciones

Apartamento

c/ Princesa
Un dormitorio
837 euros/mes

Piso 3 habitaciones
2 baños. c/ Zaragoza.
1110 euros/mes

Renault 14 Turbo
37 200 euros
180 km/h
4 plazas

Seat 9

27 900 euros
160 km/h
6 plazas

El apartamento de la calle Princesa es más barato que el piso de la calle Zaragoza.

10 Sehen Sie sich die beiden Zeichnungen an. Finden Sie 10 Unterschiede und erklären Sie sie auf Spanisch.

• En la habitación de la izquierda, la mesa tiene dos cajones. En la de la derecha solo uno.

11 Manchmal müssen wir mit anderen abklären, worüber wir sprechen. Ergänzen Sie die Dialoge.

● ¿Qué disco quieres oír? ¿Éste?
○ No, el otro.

● ¿Es un libro español?
○ ¿Cuál, éste?
● No, ____________________.
○ Sí, sí, es de Rosa Montero.

● Es una amiga mía chilena.
○ ¿Ésta?
● No, ____________________.
○ Ah... Es muy guapa.

● Tengo una película de vídeo en casa.
○ ¿*Amores perros*?
● No, ____________________.

● ¿Quieres éstos?
○ No, ____________________.

● ¿Quieres probarte éstas?
○ No, ____________________.

● ¡Qué bonitas!
○ ¿Éstas?
● No, ____________________.

● Es una raqueta muy buena.
○ ¿Cuál? ¿Ésta?
● No, ____________________.

12 Wie im Text auf Seite 69 im Lehrbuch erwähnt, gibt es in allen Sprachen regionale und soziale Unterschiede. Lesen Sie den Text noch einmal und denken Sie über die deutsche Sprache nach. Schreiben Sie auf, welche Unterschiede Sie in der Aussprache und im Wortschatz feststellen können, und nennen Sie Beispiele.

13 Ordnen Sie die Ziffern den ausgeschriebenen Zahlen zu und ergänzen Sie die Lücke.

14 580 000
2312
620 420
4805
1 199 011
942 013

un ____________ ciento noventa y nueve mil once
____________ doce mil quinientos
cincuenta y tres mil ____________ catorce
seiscientos ____________ mil cuatrocientos veinte
dos mil ____________ doce
novecientos cuarenta y dos mil ____________
tres ____________ cuatrocientos cincuenta y siete mil
catorce millones ____________ ochenta mil
____________ mil ochocientos cinco
veinticinco ____________ novecientos cuatro
dieciocho mil doscientos ____________
cien ____________

25 904
18 210
100 000
212 500
53 614
3 457 000

14 Hier sehen Sie die Bevölkerungszahlen einiger spanischen Provinzen. Ordnen Sie sie nach ihrer Bevölkerungszahl und beginnen Sie mit der bevölkerungsreichsten.

- ☐ **Vizcaya**
  un millón doscientos dieciséis mil seiscientos noventa y dos
- ☐ **Valladolid**
  cuatrocientos ochenta y ocho mil setecientos ochenta y ocho
- ☐ **Sevilla**
  un millón quinientos cincuenta y cuatro mil cuatrocientos noventa
- ☐ **Granada**
  setecientos noventa y siete mil novecientos cuatro
- ☐ **Madrid**
  cuatro millones ochocientos noventa y tres mil setecientos diecisiete
- ☐ **Zaragoza**
  ochocientos treinta y cinco mil novecientos ochenta
- ☐ **Asturias**
  un millón ciento treinta y cuatro mil ochocientos veintiséis
- ☐ **Barcelona**
  cuatro millones setecientos diecinueve mil doscientos veintiuno
- ☐ **Alicante**
  un millón ciento ochenta y dos mil novecientas cuarenta
- ☐ **Valencia**
  dos millones ciento veintiséis mil setecientos treinta y nueve

15 Einige dieser Wörter passen nicht in die jeweilige Gruppe. Welche sind es und weshalb passen sie nicht?

1
campesino
iglesia
escritor
estudiante
médico
obrero

2
región
país
pueblo
ciudad
persona

3
bolsa
botella
lata
cama

4
plástico
lana
grande
tela
madera

5
distinto
parecido
caro
igual
diferente

6
palabra
pronunciación
gramática
barrio
lengua
dialecto

16 Welches Land bietet sich Ihrer Meinung nach in den verschiedenen Jahreszeiten als Reiseziel an? Sprechen Sie mit einem anderen Kursmitglied darüber.

primavera

verano

otoño

invierno

- En invierno, es mejor ir a Venezuela, porque siempre hace calor.
- Pues yo prefiero ir a Argentina a esquiar.

17 In dieser Übung werden Sie vieles von dem brauchen, was Sie in dieser Lektion gelernt haben. Suchen Sie zuerst im Internet oder in einem Lexikon Informationen über Spanien und Ihr Land. Schreiben Sie danach einen Text, in dem Sie die beiden Länder miteinander vergleichen.

España

Superficie:	________	km²
Población:	________	hab.
Densidad:	______	hab./km²
Esperanza de vida:	____	años
Analfabetismo:	_______	%
PNB per cápita:	______	US$
Población activa:	_____	%
Estructura del empleo		
Industria:	_______	%
Agricultura:	______	%
Servicios:	_______	%

Tu país

Superficie:	________	km²
Población:	________	hab.
Densidad:	______	hab./km²
Esperanza de vida:	____	años
Analfabetismo:	_______	%
PNB per cápita:	______	US$
Población activa:	_____	%
Estructura del empleo		
Industria:	_______	%
Agricultura:	______	%
Servicios:	_______	%

España y ...

6 Nelson tiene una idea

No hay ninguna Mónica López en ningún número de la calle Hospital. Kosei está muy triste y Nelson, para animarlo, le invita a comer un bocadillo.

–¡Qué grandes son los bocadillos en España!

–Sí, es verdad, son enormes.

Y después toman unas copas en un bar que se llama Salsitas. Se acuestan muy tarde.

El martes Kosei trabaja con su ordenador y consulta su e-mail: tampoco hay ningún mensaje de Mónica. Victoria entra en la habitación de Kosei.

–Oye, Kosei, ¿puedes ayudarme? Tengo un problema con la impresora...

–A ver... Es que esta impresora es muy antigua...

–Sí, y muy lenta.

–Huy, me parece que no puedo arreglarla... Tiene un problema bastante serio...

–¿Me tengo que comprar otra?

–Me parece que es mejor comprar una nueva que arreglar ésta...

–¿Y cuál me compro?

–Una japonesa, por supuesto.

Se ríen.

–Mira, la mía –le dice Kosei– es bastante más pequeña que la tuya, es más rápida y gasta menos tinta...

–Pero seguro que es muy cara.

–No, no creas. Ahora las impresoras no son muy caras. En mi país son bastante baratas.

–¿Me puedes acompañar un día a comprar una? –le pregunta Mónica a Kosei.

–Sí, claro. Pero, ahora, puedes imprimir con la mía.

–Muchas gracias.

Por la tarde Grit llega a casa contentísima.

–Mirad qué fotos tan bonitas...

–A ver...

–Son muy buenas –le dice Kosei–. ¿Y esto dónde es?

–Esto es en una discoteca que está muy de moda. Se llama "Subterfugio". Fíjate cuánta gente a las cinco de la madrugada...

–¡Qué ambiente! Yo también quiero ir –dice Kosei–. En Osaka la gente también sale mucho, pero en general creo que los japoneses nos acostamos antes que los españoles.

–En Brasil también nos acostamos antes que aquí... En Brasil empezamos a trabajar a las ocho o a las ocho y media de la mañana...

–Y los alemanes, también. Pero esto es España, el país donde la gente se acuesta tardísimo... –le dice Grit.

–Y donde la gente se acerca demasiado... –dice Kosei con cara de horror–. A mí siempre me parece que los españoles están demasiado cerca... Bueno, los españoles y los brasileños, porque Nelson y sus amigos también se acercan mucho para hablar...

–¿Y te pones nervioso?

–Un poco. En Japón hablamos con más distancia. Pero al final, te acostumbras.

A las diez empiezan a cenar.

–¿Sabes, Kosei? –dice Nelson–. Tengo una idea. Una idea para encontrar a Mónica.

–¿Quién es Mónica? –pregunta Victoria.

–Una conocida de Kosei, pero no tiene su dirección. Y solo sabe que se llama López de apellido.

–Puf, no es fácil... –dice Victoria.

–No, pero yo tengo una idea excelente –sigue diciendo Nelson–. En la escuela de idiomas estudian más de diez mil estudiantes...

–Sí, es verdad –dice Victoria.

–Y tú y yo, Kosei, estudiamos allí...

–Sí –dice Kosei sin entender nada.

–Bueno, tenemos que mirar en el archivo de la escuela para ver si Mónica está matriculada.

–¿Cómo? –dice Kosei con cara de miedo.

–Conozco a una persona que trabaja en la Secretaría de la Escuela, se llama Silvia y es una mujer encantadora... Mañana hablo con ella.

–Pero mañana es mi primer día de clase –dice Kosei, que quiere estudiar español cuatro meses y no solo un día.

–Tranquilo. Mañana hablo con Silvia.

–Bueno.

Kosei empieza las clases de español. Tiene una profesora muy buena y veinticinco compañeros de muchas nacionalidades diferentes. El curso puede ser muy interesante. Pero Kosei está nervioso. Piensa en Nelson y en el plan para encontrar a Mónica. A las doce y media va al bar y ahí está Nelson.

–Vamos a ver a Silvia.

–¿Yo también? –pregunta, asustado, Kosei.

–Claro, tú estás buscando a Mónica. Yo no. Hablan con Silvia.

–Bueno –les dice Silvia–, la información que tenemos de los estudiantes es confidencial y yo no puedo darla.

–No, Silvia –le dice Nelson– nosotros no queremos la información, solo queremos saber si hay un expediente de una chica que se llama Mónica López. No sabemos el segundo apellido... Y otra cosa, en los expedientes hay una foto, ¿verdad?

–Sí, una foto carné.

–Bueno, pues solo queremos saber si tienes expedientes de estudiantes que se llaman Mónica López y ver las fotos. Solo eso.

–Está bien Nelson, porque eres tú... Pero ahora no tengo mucho tiempo...

–No hay prisa –le dice Nelson–. Ah, y te invito a una caña.

–¿Solo a una caña? –le pregunta Silvia.

–¿Qué prefieres?

–Una cena brasileña y unas caipiriñas.

–Hecho.

Unidad 7

Übungen

1. Adjektive auf -ísimo
2. Vokabular: Verwandtschaftsbezeichnungen, Aussehen, Körperteile, Charakter und Farben
3. Aussehen und Charakter beschreiben
4. Possesivpronomen
5. El mío / la mía / los míos / las mías
6. El de/el que
7. Jemanden identifizieren
8. Jemanden beschreiben
9. Possesivpronomen
10. Kursteilnehmer beschreiben
11. Unregelmäßige Präsensformen (-zc-)
12. "Logelei"
13. Schriftlicher Ausdruck: "Un anuncio personal"

LEKTÜRE

En Barcelona sin Mónica: *Nelson y Kosei, detectives*

1

Bilden Sie aus den folgenden Adjektiven Formen mit **-ísimo**.

muy difícil	dificilísimo	muy contenta	
muy feas		muy duros	
muy malo		muy pequeña	
muy seguro		muy delgado	
muy barata		muy pesado	
muy raro		muy caro	

2

Agrupa las siguientes palabras en las cinco listas. Luego, escribe cinco frases con algunas de estas palabras (y sus plurales).

gris amigo alto marrón moreno rubia serio
hermana socio novio ojos blanco nariz inteligente
verde hija tímido guapa cabeza antipático azul compañero de trabajo

Relación entre personas	Aspecto físico	Partes del cuerpo	Carácter	Colores

3

Was wissen Sie von diesen Leuten? Schreiben Sie mindestens zehn Sätze darüber, wer sie sind - körperlich und charakterlich - und welche Beziehungen sie zueinander haben.
Besprechen Sie sich dann in Ihrem Kurs und versuchen Sie zu sammeln, was Sie noch von Text 1 wissen.

La que habla por teléfono es Margarita. Es simpatiquísima pero también bastante despistada.

4 Quieres confirmar quién es el propietario de una serie de objetos. Por la situación ya está claro a qué nos referimos. ¿Cómo formulas las preguntas?

1.usted ● Son suyas, ¿no?

2. ella ______

3. ellos ______

4. nosotros ______

5. ustedes ______

6. tú ______

7. vosotros ______

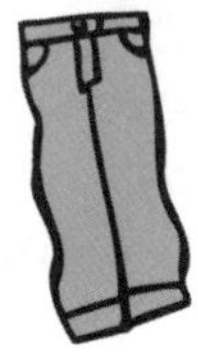

8. él ______

5 Wie antworten Sie auf die folgenden Aussagen?

● Mi barrio no es muy bonito.
○ El mío tampoco. Y es bastante ruidoso.

Mi habitación es muy pequeña. ______

Mis compañeros de clase son muy jóvenes. ______

Mi país tiene muchos problemas. ______

Mi ciudad es bastante aburrida.______

Mi mejor amiga tiene la misma edad que yo. ______

Mis hermanos son mayores que yo. ______

Mi padre está siempre de mal humor. ______

6 Observa los dibujos y haz una lista con las cosas que saben hacer estos robots. Después, identifica al robot que prefieres usando **el de** o **el que**. Coméntalo con tu compañero.

● Yo prefiero el que toca el violín.
○ Pues a mí me gusta más el del despertador.

7 ¿De quién crees que están hablando? Relaciona cada diálogo con uno de los personajes.

A
- ● ¿Aquélla de allí? ¿La rubia?
- ○ Sí, ésa, la de las gafas de sol...
- ● Es Paula, una amiga de la escuela.

①

B
- ● ¿Quién es ése que está hablando por teléfono?
- ○ Félix, un compañero mío de clase.
- ● Es guapo, ¿no?
- ○ No está mal... Pero no es mi tipo. Demasiado delgado.

②

C
- ● ¿Quién es Roberto Gálvez?
- ○ Es ése de ahí, el de la barba.
- ● ¿El que tiene un libro en la mano?
- ○ Sí.

③

D
- ● Mira, Pablo.
- ○ ¿Quién?
- ● El del pelo corto, el moreno. Es Pablo. ¿No lo conoces?
- ○ No...
- ● Es el novio de Susana.

④

⑤

E
- ● Esa chica es la hermana de Luis, ¿verdad?
- ○ ¿Quién? ¿La morena?
- ● Sí, la de las gafas.
- ○ ¡No! Ésa no es la hermana de Luis.

8 Imagina que tienes que referirte a estos personajes sin decir su nombre. Tendrás que identificarlos con alguna de sus características (**el del pelo largo**), o aludiendo a lo que están haciendo (**la que está durmiendo**) o a algún objeto o prenda que llevan (**el de la corbata**), etc.

①

②

③

④

⑤

⑥

9 Completa estas conversaciones siguiendo el modelo.

● *¿Esta chaqueta es la tuya?*
○ *No, la mía es aquélla.*

1 ● ¿Estas gafas son las tuyas?
○ No, __________________ .

4 ● ¿Esta moto es la tuya?
○ No, __________________ .

2 ● ¿Este café es el tuyo?
○ No, __________________ .

5 ● ¿Estos libros son los tuyos, Jaime?
○ No, __________________ .

3 ● ¿Este refresco es el tuyo, Diego?
○ No, __________________ .

6 ● ¿Estas revistas son las suyas, Sra. Díaz?
○ No, __________________ .

10 Suchen Sie sich drei Mitglieder aus Ihrem Kurs aus und beschreiben Sie sie den anderen, ohne jedoch die Namen zu nennen. Der Kurs muss raten, um wen es sich handelt.

● *Es alto, rubio, muy trabajador y siempre está contento.*

11 Completa estas frases conjugando en Presente los verbos que están entre paréntesis. ¿Qué tienen en común todos estos verbos?

1. ● Yo no (*conocer*) __________ a la novia de Santi. ¿Tú la (*conocer*) __________?
   ○ No, yo tampoco.
2. ● No te (*parecer*) __________ nada a tu hermano.
   ○ Es verdad. Yo me (*parecer*) __________ a mi padre y él se (*parecer*) __________ a mi madre.
3. ● Tú eres traductora, ¿no?
   ○ Sí, (*traducir*) __________ normalmente del chino al alemán.

4. ● ¿(*Conducir*) __________ tú o (*conducir*) __________ yo?
5. ● ¿Conoces a Tina?
   ○ Sí, sí que (*yo, conocer*) __________ a Tina. Es una chica muy simpática e inteligente.
6. ● No sé dónde dormir en Madrid.
   ○ Hombre, yo te (*ofrecer*) __________ mi casa. Solo tengo un sofá, pero...
7. ● Con este nuevo peinado (*yo, parecer*) __________ más joven, ¿verdad?

12 Wie steht es mit Ihrer Kombinationsgabe? Können Sie die Tabelle mit den richtigen Daten über die drei jungen Männer ausfüllen?

El que tiene 26 años es periodista.
Alberto es el más joven.
Alberto no es el más simpático.
Nicolás es periodista.
Jaime es biólogo.
Uno de ellos es arquitecto.
El más serio no es biólogo.

Uno de los chicos tiene 32 años.
El más joven tiene 24 años.
El rubio tiene 26 años.
El más simpático es biólogo.
Dos son morenos y uno rubio.
El más despistado es rubio.
El más serio no es ni Nicolás ni Jaime.

Nombre			
Edad			
Pelo			
Profesión			
Carácter			

13 Quieres anunciarte en la sección de correspondencia de una revista mexicana para buscar amigos que hablen español. Escribe una carta explicando cómo eres tú y qué tipo de persona estás buscando, para qué, etc.

Estimados amigos:

7 Nelson y Kosei, detectives

El viernes a las 12 Nelson espera a Kosei en la puerta de su aula. Cuando Kosei sale, Nelson le dice:

–Silvia tiene información para ti.

El corazón de Kosei parece una máquina. Bajan a Secretaría.

–A ver... Tengo cinco expedientes de estudiantes que se llaman Mónica López. Una tiene cincuenta y tres años...

–No, ésa no es.

–Y otra cuarenta y seis.

–Ésa tampoco.

–Entonces, te enseño las fotos de las otras tres.

Kosei las mira e inmediatamente dice:

–Ésta, ésta es Mónica.

–Kosei –le dice Nelson–, esta chica tiene los mismos ojos, la misma nariz, el mismo pelo que la chica de la foto que tienes en el dormitorio...

–Sí, es que la foto es de Mónica.

–Ah, y es solo una conocida, ¿eh?

–Bueno, no, solo una conocida, no –le dice Kosei poniéndose colorado.

–Silvia –le pregunta Nelson–, ¿nos puedes decir si ahora estudia en la escuela?

–A ver... No, ahora no está estudiando. El año pasado, sí, pero este curso, no.

–¿Y nos puedes dar su dirección y su teléfono?

–No, imposible.

Kosei tiene una idea:

–¿En el expediente hay un número de móvil?

–Sí –contesta Silvia.

–¿Puedes decirme si es el 67890542?

–Sí, es el mismo.

–Silvia, guapa, muchísimas gracias –le dice Nelson–. Te prometo una cena brasileña y caipiriñas y mil cosas más. Eres encantadora.

Nelson entra en la oficina, se acerca a Silvia y le da un gran abrazo y un beso en cada mejilla. Kosei da las gracias y se va al bar. Necesita beber algo. Tiene la boca seca. Unos minutos después llega Nelson al bar.

–¿Por qué estás triste?

–¿Qué te parece? Casi tengo la dirección de Mónica y su teléfono. Casi.

–Vamos a casa.

Al salir, Nelson para un taxi:

–A la calle Sócrates, 23 –le dice al taxista.

–¿Dónde vamos? –le pregunta Kosei–. Ésa no es nuestra dirección.

–No, es la dirección de Mónica.

–¿Quéééééé? ¿Y cómo la sabes?

–La he leído en su expediente. Cuando doy un beso, puedo leer una dirección.

–Eres estupendo, Nelson.

–Sí, pero este es nuestro secreto, ¿de acuerdo?

–De acuerdo.

A la una y media llegan a la calle Sócrates. El número 23 es una casa de cuatro pisos, de color amarillo claro. Entran en la portería y, por suerte, está el cartero.

–Perdone –le preguntan–, ¿aquí vive una chica que se llama Mónica López?

–Pues no lo sé. Hoy es mi primer día de trabajo. Pero podéis mirar en los buzones.

Kosei y Nelson miran los ocho buzones. Los apellidos son: Solana, Gutiérrez, Mateo... No hay ningún López.

–¿Sabes si vive con su familia? –le pregunta Nelson a Kosei.

–No, no lo sé...

–Vamos a subir a preguntar.

Hablan con los vecinos. En el cuarto piso, abre la puerta una chica rubia, de ojos azules y pelo largo, bajita, delgada y muy joven.

–Hola, buenos días. ¿Vive aquí una chica que se llama Mónica López?

–No, aquí no vive ninguna Mónica.

–¿Y sabes si vive en esta escalera?

–¿Cómo es?

–Es una chica con el pelo largo, morena, bastante alta y con unos ojos verdes muy bonitos. Y siempre va vestida de negro.

–Sí, creo que sí.

–¿Sí? –dice Kosei emocionado.

–Creo que vive en el segundo, en un piso de estudiantes. Pero nosotros no conocemos mucho a los vecinos... Y no los vemos mucho.

–Vale, gracias. Muchísimas gracias. Muy amable.

–De nada.

Nelson y Kosei bajan al segundo.

–Parecemos detectives –le dice Nelson.

Llaman al timbre. Abre la puerta un chico de unos veinticinco años, gordito y un poco calvo, que lleva barba y bigote y va vestido con un traje azul oscuro muy formal:

–¿Sí?

–Bue..., bue..., buenos días –Kosei está un poco nervioso–. ¿Vive aquí una chica que se llama Mónica López?

–No, aquí vivimos cuatro chicos.

–¿Y sabe si antes aquí...?

–Antes no sé. Nosotros vivimos aquí desde el mes pasado.

–Bueno, pues muchas gracias. Y perdone.

Kosei está muy triste, tristísimo. Casi encuentra a Mónica. Casi. Pero ahora está igual que antes. Sin Mónica.

–Venga, hombre, anímate –le dice Nelson–. Somos unos detectives buenísimos y tenemos un caso: "la amiga desaparecida".

–No te rías. Esto es muy serio para mí.

–¿Estás deprimido?

–Un poco. Es que es realmente triste... Vengo a Barcelona para vivir con Mónica y Mónica desaparece.

–¿Qué? ¿Estás aquí para vivir con Mónica?

Nelson está verdaderamente sorprendido.

–O sea que no es una conocida, no es una amiga tuya... ¡Es tu novia!

–Sí, ésa es la verdad. Y ahora estoy destrozado.

–Bueno, vamos a hacer una cosa: vamos a buscar a Mónica, pero también vamos a conocer a más chicas: rubias, morenas, altas, bajas, inteligentes, divertidas... Chi–cas. Tú necesitas conocer a muchas chicas y olvidarte de Mónica y de sus maravillosos ojos verdes.

Unidad 8

Übungen

1. **Das Perfekt**
2. **Häufigkeitsangaben**
3. Ir a + **Infinitiv**
4. **Seine Pläne in einer E-Mail beschreiben**
5. **Eine Ansichtskarte aus Mexiko schreiben**
6. **Auf den Brief eines Freundes antworten**
7. **Sätze bilden mit Zeitangaben**
8. **Tagebuch schreiben**
9. **Die Uhrzeit angeben**
10. A la(s) / la(s)
11. De /por
12. **Fragen nach einen Zeitpunkt beantworten**
13. Ya/ todavía no
14. **Akkusativpronomen:** lo / la / los / las
15. **Dativ- und Akkusativpronomen in einem Satz**

LEKTÜRE

En Barcelona sin Mónica: *Un día complicado*

1

Completa las frases con el Pretérito Perfecto de los verbos que están entre paréntesis.

1. ● ¿(*Estar, usted*) ________ alguna vez en Venezuela?
   ○ No, nunca.
2. ● ¿(*Leer, tú*) ________ la última novela de Juan Goytisolo?
   ○ No, todavía no la (*leer*) ________.
3. ● ¿(*Ver, tú*) ________ a Carlos últimamente?
   ○ Sí, mira, esta mañana (*desayunar*) ________ con él.
4. ● ¿(*Hacer, vosotros*) ________ el examen?
   ○ Sí, a las cuatro.
5. ● ¿(*Ir, ustedes*) ________ alguna vez al Museo del Prado?
   ○ No, no (*ir, nosotros*) ________ nunca a Madrid todavía.
6. ● ¿Qué tal las vacaciones?
   ○ Fantásticas. (*Ser*) ________ un verano estupendo.
7. ● ¿Y qué (*hacer, ustedes*) ________ estas Navidades?
   ○ Nada especial. (*Ver, nosotros*) ________ a toda la familia y (*comer, nosotros*) ________ mucho, muchísimo.
8. ● ¿Está Carmen?
   ○ No, (*salir, ella*) ________ hace un rato y todavía no (*volver, ella*) ________.
9. ● ¿Qué (*decir*) ________ tus padres?
   ○ (*Enfadarse*) ________ porque esta noche (*volver, yo*) ________ muy tarde a casa.
10. ● La clase de hoy (*ser*) ________ aburridísima, ¿verdad?

2

Contesta a las preguntas utilizando las expresiones del recuadro.

nunca
una vez
alguna vez
dos o tres veces
X veces
varias veces
muchas veces

¿Has visto alguna vez un cuadro de Picasso?
¿Te has mareado viajando en avión?
¿Has viajado alguna vez en barco?
¿Has escrito alguna vez un poema?
¿Has salido en la tele alguna vez?
¿Has comido paella?
¿Has bebido en porrón?
¿Te has roto un hueso alguna vez?
¿Has estado en algún país de habla española?

3

Contesta a estas preguntas usando **ir a** + Infinitivo.

1 ¿Qué piensas hacer el fin de semana que viene? ________

2 ¿Vas a salir con tus amigos esta noche? ________

3 ¿Vas a ir al cine el sábado por la noche? ________

4 ¿Piensas hacer algún viaje este verano con tu familia? ________

5 ¿Vas a organizar una fiesta el día de tu cumpleaños? ________

6 ¿Qué piensas hacer en Navidad? ________

4 Has recibido este e-mail de un amigo que quiere ir de visita a tu casa, pero no te va bien. ¿Por qué no le escribes explicando tus planes? Tienes que usar: **lo siento mucho pero es que...**

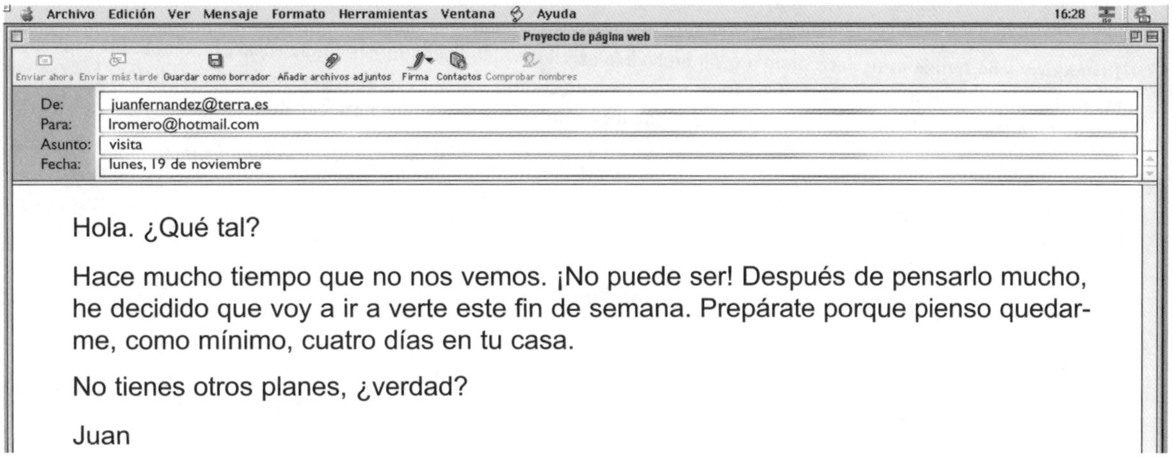
Archivo Edición Ver Mensaje Formato Herramientas Ventana Ayuda 16:28
Proyecto de página web
Enviar ahora Enviar más tarde Guardar como borrador Añadir archivos adjuntos Firma Contactos Comprobar nombres

De: juanfernandez@terra.es
Para: lromero@hotmail.com
Asunto: visita
Fecha: lunes, 19 de noviembre

Hola. ¿Qué tal?

Hace mucho tiempo que no nos vemos. ¡No puede ser! Después de pensarlo mucho, he decidido que voy a ir a verte este fin de semana. Prepárate porque pienso quedarme, como mínimo, cuatro días en tu casa.

No tienes otros planes, ¿verdad?

Juan

5 Imagina que estás de viaje por México y que has pasado unos días en uno o dos de estos lugares. Escribe una postal a un amigo explicando qué ha sido más interesante.

Querido Pedro:
He pasado tres días en Veracruz. Ha sido fantástico. He visitado...

Veracruz: tres días
Visitas: la Catedral, el acuario...
Compras de artesanía en el mercado municipal.
Paseos por el Malecón con amigos mexicanos.
Carnaval espectacular.
Mucha playa y mucho tequila.
Días muy agradables.

Guanajuato: dos días
Visitas: la Plaza de la Paz, el Teatro Juárez, el templo de San Diego...
Muchas prácticas de español.
Experiencia muy interesante.

El Tajín: cuatro días
Visitas: las pirámides, los templos...
Pinturas murales muy bonitas.
La Pirámide de los Nichos, espectacular.
Unas vacaciones fantásticas.

6 Aquí tienes la carta que Toño, un amigo tuyo, te ha escrito. En ella explica algunas de sus últimas experiencias y sus planes para el verano. Léela.

Querido/a ...:

Últimamente he tenido muy poco tiempo y no he podido escribirte. He hecho muchísimas cosas: he tenido los exámenes finales, he ido a clases de alemán, he trabajado en una hamburguesería los fines de semana, he vuelto tardísimo por las noches a casa... Pero todo ha ido muy bien: he aprobado todos los exámenes y he ganado bastante dinero.

He decidido viajar el mes de agosto. Me he comprado un billete "inter-rail". Pienso recorrer toda Europa: París, Bruselas, Amsterdam, Berlín, Praga... También he visto una guía de albergues en Europa: hay muchos y muy baratos. Voy a pasar el mejor agosto de mi vida: voy a recorrer ciudades bonitas, voy a comer las cosas típicas de cada lugar, voy a ver museos, a hacer muchas fotos y a dormir muchísimo.

También he pensado en ti. ¿Quieres venir conmigo? Puedo recogerte en Madrid y podemos hacer el viaje juntos.

Hasta pronto. Un beso.

Toño

Ahora, ¿por qué no le contestas?

7 Forma el máximo número de frases posibles uniendo un elemento de cada columna. Fíjate bien en las expresiones de tiempo para escoger la forma correcta del verbo.

Últimamente	ha/n sido	muchos problemas.
El fin de semana	he tenido	ir a Canarias.
Dentro de unos meses	pienso	fantástico.
La semana que viene	voy a	muy aburridas.
Después de cenar	he tenido	tomar una copa.
A las diez y media	vamos a	la tele un rato.
Estas Navidades	hemos visto	hablar con el médico.

8 Imagina que normalmente escribes un diario. ¿Qué has hecho esta semana?

9 Estás paseando por una ciudad española y, en distintos momentos del día, te preguntan la hora. En parejas, uno pregunta y el otro le responde.

● Perdona, ¿tienes hora?
○ Sí. Son las ocho en punto.

10 Completa estos diálogos con **a la/las** o con **la/las**.

1. ● ¿Qué hora es?
   ○ ________ ocho menos veinticinco.
2. ● ¿Tienes hora?
   ○ Sí, es ________ una.

3. ● ¿A qué hora piensas salir de casa?
   ○ ________ una.
4. ● ¿Nos vemos ________ tres o ________ cuatro?
   ○ ________ cuatro, mejor.

5. ● Perdone, ¿tiene hora?
   ○ Sí, son ________ diez y veinte.
6. ● ¿A qué hora empieza el cine?
   ○ ________ ocho, creo.

11 Completa estas frases con las preposiciones **de** o **por**.

1. ________ la mañana estoy de mal humor.
2. ¿Duerme usted bien ________ la noche?
3. El examen es a las diez ________ la mañana.
4. El avión sale a las cinco ________ la tarde, ¿verdad?
5. ¿Cuándo nos vemos? ¿ ________ la mañana o ________ la tarde?
6. Quedamos a las once ________ la noche, delante de la discoteca, ¿vale?

12 Contesta a estas preguntas.

1 ¿Qué día es tu cumpleaños?
____

2 ¿Te duchas por la mañana o por la noche?
____

3 ¿A qué hora cenas?
____

4 ¿A qué hora empezáis la clase de español?
____

5 ¿Cuántos días estudias español?
____

6 ¿Qué estación del año prefieres?
____

7 ¿En qué mes terminan las clases?
____

8 ¿Cuándo te vas de vacaciones?
____

9 ¿Qué día es hoy?
____

10 ¿Qué día tienes el próximo examen?
____

13 Hay muchas cosas que solemos hacer todos los días. Lee las acciones del recuadro. ¿Cuáles de ellas ya has hecho hoy y cuáles todavía no?

desayunar
ir a la escuela
leer el periódico
comer
lavarse los dientes
hablar por teléfono
cenar
ir a la compra
tomar café
leer el correo

ya	todavía no
Ya he desayunado.	________________
________________	________________
________________	________________
________________	________________
________________	________________

14 Un robot ha contestado a estas preguntas. Como ves, no sabe utilizar los pronombres en español. Ayúdalo a usarlos correctamente y escribe las respuestas en tu libreta.

1. ● ¿Has limpiado mi dormitorio?
   ○ Sí, he limpiado tu dormitorio antes de salir.
   Sí, lo he limpiado antes de salir.
2. ● ¿Has preparado la comida?
   ○ Sí, he preparado la comida por la mañana.
   ____
3. ● ¿Has visto el telediario?
   ○ No, no he visto el telediario. ¿Ha pasado algo?
   ____
4. ● ¿Has hecho los deberes?
   ○ Sí, he hecho los deberes en la biblioteca.
   ____
5. ● ¿Has visto a Miguel?
   ○ Sí, esta mañana he visto a Miguel en clase.
   ____
6. ● ¿Has colgado tu ropa en el armario?
   ○ No, todavía no he colgado mi ropa en el armario. Es que necesito más perchas.
   ____
   ____
7. ● ¿Has llevado los abrigos y las chaquetas a la lavandería?
   ○ Sí, he llevado los abrigos y las chaquetas a la lavandería esta mañana.
   ____

15 Para completar las respuestas a estas preguntas, tienes que usar dos pronombres.

1 ● ¿Le has devuelto el diccionario a tu profesora?
○ Sí, se lo he devuelto esta mañana.

2 ● ¿Les has escrito una carta a tus amigos españoles?
○ No, todavía no ________ he escrito. Lo haré mañana.

3 ● ¿Les has enseñado las fotos de México a Pancho y a Sandra?
○ Sí, ________ he enseñado este fin de semana.

4 ● ¿Te ha enseñado Margarita el vestido que se ha comprado?
○ No, no ________ ha enseñado. Es que tenía prisa.

5 ● ¿Te has tomado la aspirina?
○ Sí, ________ he tomado hace un momento.

6 ● ¿Le has dicho a Jaime que piensas ir a verlo?
○ No, todavía no ________ he dicho. Lo llamo ahora.

7 ● ¿El pastel te lo has comido tú o Ricardo?
○ ________ he comido yo.

8 Un día complicado

Kosei vuelve a casa hacia las tres y media de la tarde y se mete en su habitación con la luz apagada. Está deprimido.

A la hora de cenar, Victoria llama a su dormitorio:

–Kosei, ¿puedo pasar? –le pregunta.

–Sí, claro, pasa.

–¿Qué te pasa? ¿Te encuentras mal?

–No, no me encuentro mal.

–¿Te has mareado? ¿Has comido algo que estaba mal?

–No, no. Solo estoy un poco deprimido.

–¿Te ha ido mal la clase de español?

–No, la clase me ha ido muy bien. Estoy muy contento y aprendo mucho. Pero tengo un problema con una chica. Es una historia muy larga. Larga, triste y complicada...

–Oye, si no tienes ganas de hablar...

Kosei, en realidad, tiene muchas ganas de contarle su historia a Victoria:

–¿Sabes por qué he venido a Barcelona? Pues he venido por una chica, una chica muy guapa. Se llama Mónica. ¿Te acuerdas? El otro día te hablé de ella. He venido para vivir aquí con ella. Pero no la encuentro, no sé dónde está.

–¿Pero ella no te ha llamado?

–No. No me ha llamado.

–¿Y tú no la has llamado a ella?

–¿Yo? Yo la llamo cinco o seis veces cada día... pero no contesta al teléfono.

–¡Qué raro!

–Sí, rarísimo. Bueno, quizás ella ha pensado que no quiere estar conmigo...

–Bueno, pero puede decírtelo, ¿no? Puede hablar contigo y explicártelo...

–Sí, eso es lo que pienso yo. Mira, es ésta de la foto.

Victoria coge la foto de encima de la mesilla de noche:

–Caramba, sí que es guapa... ¿Y qué has hecho para encontrarla?

–Últimamente he hecho de todo: la he llamado al móvil, como te he dicho, la he ido a buscar a su casa pero ya no vive allí, con Nelson la hemos buscado en el archivo de la Escuela Oficial de Idiomas y hemos encontrado una dirección nueva, pero tampoco vive allí...

–¿Y qué vas a hacer ahora?

–No sé. Ni idea. Olvidarla, si puedo.

–Es una pena. Bueno, lo que tienes que hacer ahora mismo es salir de esta habitación y venir a cenar. He preparado un arroz a la cubana estupendo.

–Ahora mismo voy. Y muchas gracias, Victoria.

Después de cenar llega Grit:

–¡Qué día tan espantoso! –dice dejando sus cosas encima del sofá.

–¿Por qué? ¿Qué te ha pasado?

–De todo. Ha sido un día horrible: he tenido muchísimo trabajo, no he tenido tiempo para comer, he llegado tarde a una sesión de fotos, las fotos no me han salido bien porque he tenido problemas con la cámara, con la luz... Un desastre total.

–¿Has cenado? –le pregunta Victoria.

–No, todavía no.

–Pues en la cocina hay arroz para ti.

–¡Qué bien! Voy a tomar un poco de arroz y una cerveza. A ver si me olvido de las desgracias que me han pasado hoy.

Cuando Grit está cenando llega Nelson.

–¿Todavía estás cenando?

–Sí, es que he llegado muy tarde.

–¿Y tú? ¿Dónde has estado?

–He ido a cenar con unos compañeros de la facultad. Hemos tomado unas tapas en una tasca vasca delante de Santa María del Mar. Es un sitio fantástico. Tenemos que ir un día los cuatro. Kosei, ¿has estado en Santa María del Mar?

–No, no he estado nunca. Solo he visto los edificios de Gaudí.

–Gaudí es genial, pero hay otras cosas muy bonitas en Barcelona. Este fin de semana vamos a ver Santa Maria del Mar. Es una iglesia gótica preciosa.

–Vale. Perfecto.

–Oye –le pregunta Victoria a Nelson–, ¿y qué tal el examen?

–Ah, muy bien. Ha sido un examen muy fácil y, como he estudiado mucho, me ha ido muy bien. Estoy muy contento. Por cierto, he comprado un disco. Es el último de Alejandro Sanz. ¿Lo ponemos?

–Sí, ponlo.

Alejandro Sanz canta: "Que un trato es un trato.... me has mentido tanto, hasta mis preguntas se han cansado de tiiiiiiiiiii". Kosei se va a su habitación. No está de buen humor. Pero antes mira su e-mail. Tiene correos electrónicos de sus amigos en Japón y uno de Inés, la camarera que tiene un novio japonés.

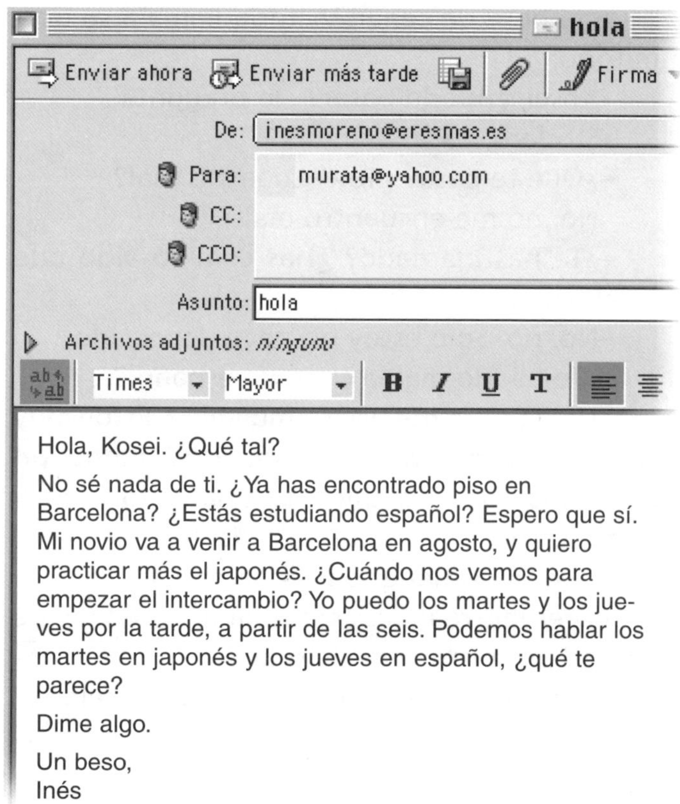

Hola, Kosei. ¿Qué tal?

No sé nada de ti. ¿Ya has encontrado piso en Barcelona? ¿Estás estudiando español? Espero que sí. Mi novio va a venir a Barcelona en agosto, y quiero practicar más el japonés. ¿Cuándo nos vemos para empezar el intercambio? Yo puedo los martes y los jueves por la tarde, a partir de las seis. Podemos hablar los martes en japonés y los jueves en español, ¿qué te parece?

Dime algo.

Un beso,
Inés

Kosei ya está más animado. Mañana piensa llamar a Inés y quedar con ella el fin de semana. Nelson tiene razón: tiene que conocer a más chicas y olvidar a Mónica.

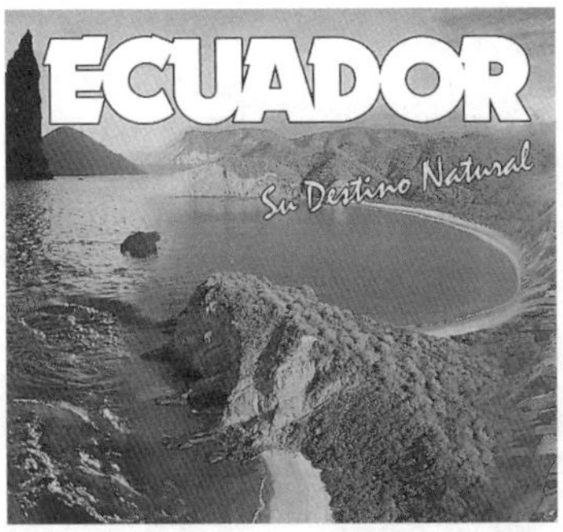

Unidad 9

Übungen

1. **Vorlieben und Ansichten über den Urlaub äußern**
2. **Ein Urlaubsziel auswählen**
3. **Im Restaurant**
4. **Ausrufe mit** ¡Qué + ...!
5. A mí, también/tampoco/sí/no
6. **Ansichten über ein Kulturprogramm äußern**
7. **Wortschatz zum Thema "Lebensmittel"**
8. **Einkaufsliste**
9. **Persönlichkeitstest**
10. Encantar / gustar
11. **Pronomen** + encontrar + **Adjektiv**
12. **Filmgattungen. Einen Film auswählen**
13. Lo/el/la... que me gusta más

LEKTÜRE

En Barcelona sin Mónica: *Un domingo tranquilo*

1 Vamos a escuchar otra vez parte de la audición de la actividad 1 del *Libro del alumno*. ¿Puedes completar ahora las transcripciones?

1

- Yo este año me voy a México. ______________________ las culturas antiguas y el arte precolombino, en particular. México D.F., la capital, es una ciudad ______________... ______________________ las grandes ciudades. Bueno, y además voy a ir a descansar a la costa unos días, a Cancún. ______________ los deportes náuticos.

2

- Yo ______________ las grandes ciudades. __________ ______________________ es pasear por el monte, observar la naturaleza. También me gusta el mar..., claro. Por eso este año me voy a Asturias, en el norte de España. Hay mar y montaña. No hace muy buen tiempo, llueve y tal, pero ________________. A mí no me gusta el calor, __________.

3

- Este año vamos a Punta del Este, en Uruguay. Punta del Este es una ciudad ______________ y con mucho ambiente. A mi novia y a mí nos gusta ____________, ir por ahí de copas, ir a bailar, y también ________ __________ ir a la playa...

2 En estas fichas hay algunas informaciones sobre cuatro lugares de países de habla hispana. ¿Cuál eliges y por qué para tus próximas vacaciones? Explícaselo al resto de la clase.

- Yo voy a ir a Punta del Diablo porque...

Potes (España)

1

- Localidad situada al norte de España.
- Excursiones por los Picos de Europa en Jeep y a pie.
- Montañas muy altas.
- Muy tranquilo.
- Naturaleza muy bien conservada.
- Pueblos pintorescos cerca.
- La costa no está lejos.
- Arte románico y prerrománico en los alrededores.
- Lluvias, incluso a veces en verano.

Taxco (México)

- Bonita ciudad del estado de Guerrero.
- Bella arquitectura colonial.
- Parroquia de Santa Prisca, joya arquitectónica de estilo barroco y símbolo de la ciudad.
- Espectaculares calles empedradas.
- Importantes museos: Museo de Arte Virreinal y Museo Spratling, que cuenta con piezas prehispánicas.

2

Chiloé (Chile)

- Espectacular isla del sur de Chile.
- Increíbles acantilados, playas y vegetación.
- Casas e iglesias de madera.
- Clima templado pero lluvioso.
- Visitar el Parque Nacional de Chiloé, con sus preciosas playas de arena blanca, bosques y lagunas.

3

Punta del Diablo (Uruguay)

- Pequeño pueblo de pescadores (departamento de Rocha).
- A 298 kilómetros de Montevideo.
- Casi 10 kilómetros de playas.
- Muy tranquilo.
- Naturaleza virgen.
- Excursiones a paraísos ambientales como la Reserva Forestal de Santa Teresa o El Potrerillo.

4

3 ¿Qué dices en estas situaciones en un restaurante? Puedes consultar los diálogos de la actividad 2 del *Libro del alumno*.

1. Quieres tomar un café. Ya has tomado uno.
2. Se han terminado las patatas fritas y quieres más.
3. Estás con un amigo comiendo una hamburguesa y queréis un poco de ketchup.
4. Tu carne está muy buena. Le ofreces probarla a la persona que está contigo.
5. La salsa de tu plato es, para tu gusto, muy picante.
6. La persona que está contigo no sabe qué tomar.
7. De primero quieres ensalada.

• Perdone, ¿me puede traer otro café, por favor?

4 Imagina que te encuentras en estas situaciones. ¿Cómo reaccionas?

(1) Un amigo te enseña unas fotos muy bonitas.

• ______________________________

(2) Pruebas un zumo de naranja muy malo.

• ______________________________

(3) Estás comiendo unos tacos buenísimos.

• ______________________________

(4) Ves en una tienda un vestido que te parece horrible.

• ______________________________

(5) Alguien te lleva a ver una iglesia preciosa.

• ______________________________

(6) Pasas por un lugar donde hay mucha contaminación.

• ______________________________

(7) Pruebas en un restaurante un plato muy picante.

• ______________________________

(8) Pasas por un sitio que huele a tarta de manzana.

• ______________________________

5 ¿Puedes continuar las conversaciones? Recuerda que cada participante tiene en cuenta lo que ha dicho el anterior.

☺ 1. A mí me gusta mucho el fútbol.	☹ A mí, no.	☹ A mí, tampoco.	☺ A mí, sí.
☹ 2. A mí no me gusta nada viajar.	☹ ________	☺ ________	☺ ________
☺ 3. Me encanta el chocolate.	☺ ________	☹ ________	☺ ________
☹ 4. A mí no me interesa mucho la política.	☹ ________	☹ ________	☺ ________
☹ 5. No me gustan las Matemáticas.	☺ ________	☹ ________	☹ ________

6 Ésta es la agenda cultural y de ocio de la ciudad para esta semana. Escribe varias frases sobre cada anuncio expresando tus gustos, opiniones o intereses.

Recomendamos...

Madonna inicia su gira mundial en nuestra ciudad
El próximo martes 4, en el Estadio Municipal, la gran estrella vuelve a los escenarios con sus viejos éxitos y su nuevo disco.

XII Feria de Antigüedades
Más de 200 anticuarios exponen en la Plaza Mayor durante cinco días cuadros, muebles y joyas antiguas.

Festival de Cine Mexicano
Desde el cine clásico hasta el cine independiente. Una muestra amplia y representativa del cine que se hace en México.

I Festival de Hip Hop
Más de 15 grupos participan este fin de semana en el I Festival de Hip Hop. Destacan las actuaciones de Dido, Eminem y Beastie Boys.

Marionetas del mundo
Como todos los años, en el Teatro Minúsculo, actúan durante una semana compañías de teatro de marionetas de diversos países. Para grandes y para pequeños.

Gente con clase
Una comedia divertida para todos los públicos. En los mejores cines.

Tangomanía
10 excelentes bailarines de tango siguen cosechando éxitos en la Sala Planeta. El público, después del espectáculo, recibe lecciones de baile.

Harlem Globetrotters
El mítico equipo de baloncesto americano inicia su gira en nuestra ciudad. El espectáculo está asegurado.

Gran Premio de Fórmula1
Este fin de semana se celebra el Gran Premio de F1 en nuestra ciudad. Se espera una gran afluencia de público.

El Rincón de Pepón
Las especialidades de marisco de El Rincón son mucho más baratas estos días. El restaurante celebra su décimo aniversario con un 50% de descuento en toda su carta.

A mí la música de Madonna me gusta mucho, sobre todo sus primeros discos.

7 ¿Sabéis cómo se llaman en español todas estas cosas? Compara tu lista con la de tu compañero. Gana el que haga la lista más larga.

8 Ana, la encargada de un restaurante, va al supermercado. Ayúdale a ordenar su lista de la compra.

chorizo
vino
leche
calamares
lechuga
peras
cerveza
espinacas
cordero
manzanas
agua
bacalao
tomates
té
plátanos
marisco

Carne	Pescado	Verduras	Fruta	Bebidas

Ahora, haz una lista de las cosas que necesitas comprar para preparar tu plato favorito. Quizá tienes que consultar el diccionario o preguntar a tu profesor cómo se llaman en español algunas cosas.

9 Contesta este test sobre el carácter y comprueba el resultado. ¿Estás de acuerdo con él? Coméntalo con un compañero.

¿Eres una persona sociable?

1. Cuando viajo lo que más me gusta es...
- ❑ a) visitar museos e ir de compras.
- ❑ b) dar largos paseos por el lugar y conocer las costumbres de la gente.
- ❑ c) charlar con la gente del lugar y conocer su cultura.

2. Los sábados por la noche...
- ❑ a) prefiero quedarme en casa y ver una buena película.
- ❑ b) me gusta ir al cine con mis amigos.
- ❑ c) me encanta ir a las discotecas, bailar, conocer gente...

3. Cuando estudio o trabajo...
- ❑ a) me gusta estar solo y en silencio.
- ❑ b) prefiero estar solo y escuchar un poco de música.
- ❑ c) me gustar estar acompañado.

4. Me gusta hacer deporte...
- ❑ a) en solitario: andar en bicicleta, hacer windsurf...
- ❑ b) en parejas: tenis, ping-pong, esgrima...
- ❑ c) en grupo: fútbol, baloncesto, voleibol...

5. Me encanta cenar...
- ❑ a) solo, en casa o en un restaurante.
- ❑ b) con un amigo o con mi novio/a y después ir a tomar algo.
- ❑ c) con mis compañeros de clase o de trabajo y volver a casa muy tarde.

Resultados

Mayoría de respuestas a): No eres una persona sociable. Te gusta estar solo y tienes pocos amigos.
Mayoría de respuestas b): Eres una persona bastante sociable. Te gusta estar con gente, pero no con mucha.
Mayoría de respuestas c): Eres una persona muy sociable. Te encanta la gente y le resultas simpático a todo el mundo.

10 Estas eñes tienen gustos e intereses muy determinados. ¿Cuáles? Coméntalo con tu compañero.

- A Clotilde le encantan las hamburguesas.
- Sí, y a Elena...

Clotilde

Elena

Dolores

Soledad

Rita

Lucrecia

11 Escribe un ejemplo de cada uno de estos temas. Luego, en parejas, opinad sobre cada uno usando la construcción: pronombre + **encontrar** + adjetivo.

una ciudad: Nueva York
un tipo de música: ____________
una actriz: ____________
un político: ____________
un deporte: ____________
una canción: ____________
un jugador de fútbol: ____________
una película: ____________
una cantante: ____________
un pintor: ____________
un libro: ____________
un coche: ____________

- A mí, Nueva York me parece una ciudad increíble.
- Pues yo la encuentro demasiado grande.

12 ¿De qué género crees que son estas películas? Discútelo con un compañero.

E.T. ALIEN La guerra de las galaxias Los Otros
Posesión infernal Batman El señor de los anillos
Monstruos, S.A. L.A. Confidential El silencio de los corderos
Amadeus La fuerza del amor Mary Poppins

- Yo creo que *La fuerza del amor* es una película romántica, de amor.

Ahora intenta ponerte de acuerdo con un compañero para ir a ver una de estas películas juntos. Tenéis que comentar vuestras preferencias.

13 ¿Cuáles de estas personas o actividades te gustan más? Usa **lo/el/la ... que me gusta más**. Luego, discútelo con un compañero.

- A mí el actor que me gusta más es Robert de Niro.
- Pues a mí, el que más me gusta es...

Robert de Niro
Javier Bardem
Will Smith
Johnny Depp

Madonna
The Beatles
Manu Chao
Julio Iglesias

salir con amigos
leer
practicar deporte
estudiar
dormir

Pablo Picasso
Frida Kahlo
Vincent Van Gogh
Salvador Dalí

Mozart
Chopin
Beethoven
Vivaldi

baloncesto
golf
tenis
natación
fútbol

9 Un domingo tranquilo

Es domingo y hace un día maravilloso: sol, calor... Nelson y Kosei han paseado todo el día por Barcelona: han ido al barrio del Borne, a la Ciudadela y, ahora, han entrado en un restaurante del Puerto Olímpico.

–Me encanta comer delante del mar –le dice Nelson.

–A mí también.

Llega el camarero y les da la carta:

–Kosei, ¿tú qué vas a tomar?

–Pues, unos mejillones a la marinera, de primero, y calamares a la romana de segundo. ¿Y tú?

–Mmm... No sé si tomar carne o pescado... A ver... De primero, voy a tomar una sopa de pescado y de segundo, gambas. Eso, gambas a la plancha. ¿Pedimos un vino blanco?

–Sí, muy bien. Vino blanco, pero seco, ¿eh?

–De acuerdo.

–No me acostumbro a pedir todos los días dos platos y postre –le dice Nelson.

–¿Y coméis con pan? –le pregunta Kosei–. Porque a mí me ha sorprendido mucho eso de comer con pan...

Depende, en los restaurante sí que hay pan, pero en casa, lo que casi nunca falta en la mesa es arroz y judías negras.

Llega el primer plato:

–¡Qué buenos están estos mejillones! ¿Quieres probarlos, Nelson?

–Sí, te cojo uno. Oh, sí, están buenísimos. A mí los mejillones no me gustan mucho, pero éstos están realmente muy buenos. ¿Quieres un poco de sopa?

–No, gracias, no me apetece.

El segundo plato también les gusta mucho: las gambas y los calamares están muy ricos. El vino también es excelente.

–¿Qué van a tomar de postre? –les pregunta el camarero.

–¿Qué tienen? –pregunta Nelson.

–Tenemos fruta del tiempo, piña, melocotón en almíbar, flan, crema catalana, helado (de fresa, vainilla, chocolate y caramelo), tarta de manzana, pastel de chocolate y fresas con nata.

–Para mí, unas fresas con nata –le pide Nelson.

–¿Cómo es la crema catalana? –pregunta Kosei.

–¿No has comido nunca? Es como un flan, pero un poco más líquido y con azúcar quemado por encima.

–No, demasiado dulce para mí. No me gusta mucho el dulce. Voy a tomar piña. Sí. Para mí piña.

Luego piden los cafés.

–Estoy llenísimo. Aquí en España como mucho más que en Japón. Voy a engordar.

–Bueno, pero hoy es domingo... ¿Nos tomamos otro café y damos un paseo al lado del mar?

–Venga.

–Perdone, ¿nos trae otro café solo y un cortado? Y la cuenta, por favor.

Hace una tarde preciosa. Muchos barceloneses van al lado del mar los fines de semana: algunos van en bicicleta, otros en patines, otros toman el sol, otros pasean tranquilamente... Hay muchos niños jugando. Y bastantes perros.

–A mí Barcelona me encanta. La encuentro una ciudad preciosa –le dice Nelson–. Me encanta la arquitectura, me encanta el ritmo de vida, me encanta la comida y, además, tiene mar.

–A todos los brasileños os gusta el mar, ¿verdad?

–Bueno, a todos, no sé. São Paulo, por ejemplo, no tiene mar, y no es fácil ir todos los fines de semana a la playa, pero es que la costa de Brasil es tan bonita... Playas largas, con mucha arena, kilómetros y kilómetros de playa... Tienes que venir a Brasil, Kosei.

Después del paseo, vuelven a casa tranquilamente. En casa, Grit está contentísima:

–Chicos, estoy encantada. Hoy he comido con un periodista español que está interesado en mis fotos. Y le han gustado muchísimo. Va a publicarlas en el suplemento dominical de "El País". Imaginaos, qué maravilla.

–Felicidades, Grit. Es una noticia estupenda. ¿Y te pagan bien?

–Sí, muy bien. Es el trabajo mejor pagado de toda mi vida. Y, además, me han pedido otro trabajo...

–¿Ah, sí? ¿Qué?

–Tengo que hacer un reportaje sobre la vida de los inmigrantes en Barcelona y de los extranjeros que están aquí por placer, por gusto, por amor...

–Como Kosei –le dice Nelson riéndose.

–O sea, que vais a salir en mis fotos...

–A mí no me gusta nada salir en las fotos...

–Pues lo siento por ti. Y también voy a ir a la Escuela de Idiomas para hablar con vuestros compañeros de clase.

–Buena idea.

–¿Os apetece ir al cine esta noche? –les pregunta Grit.

–Sí, claro, ¿qué película podemos ver?

–A ver...

Miran en el periódico la cartelera. Hay muchas películas interesantes, pero todos quieren ver una película en español.

–¿Vamos a ver la última de Almodóvar?

–Vale. Además el cine está bastante cerca. ¿A qué hora empieza?

–A las diez y media.

–Pues vamos. ¿Vienes con nosotros, Victoria?

–Lo siento, chicos, tengo que estudiar. Mañana tengo un examen y voy a quedarme estudiando toda la noche.

–Pobre. Bueno, hasta luego.

A la una de la mañana Grit, Nelson y Kosei llegan a casa. Victoria sigue estudiando.

–¿Qué tal la peli? –le pregunta.

–Bueno, a mí me ha gustado bastante –dice Nelson–. Es bastante divertida.

–A mí las películas de humor no me gustan mucho –dice Grit–. Y en ésta hay muchas bromas que no he entendido.

–Yo tampoco –dice Kosei–. Pero los actores son buenísimos.

–Sí, sobre todo las actrices están estupendas –dice Grit.

–A mí me ha gustado, pero es una película un poco rara, un poco especial.

–Bueno, es que Almodóvar es especial –dice Victoria

–Yo esta película la he encontrado un poco más pesada que otras, no sé..., más lenta... –dice Grit.

–Bueno, chicos, voy a seguir estudiando. ¿Alguien se va a despertar a las ocho mañana? –les pregunta Victoria.

–Yo –dice Kosei.

–Pues, por favor, despiértame. Tengo el examen a las diez.

–De acuerdo. Buenas noches.

Unidad 10

Übungen

1. Das Indefinido: Regelmäßige und unregelmäßige Formen
2. Das Indefinido: 1. und 3. Person Singular
3. Ein Lebenslauf: Indefinido
4. Estar + Gerundium
5. Hace / desde hace / al cabo de / después
6. Indefinido / Perfecto
7 Verschiedene Ereignisse aus der Vergangenheit vergleichen
8. Die Biografie von Miró schreiben
9. Das vorangestellte Akkusativpronomen
10. Eine Postkarte schreiben

LEKTÜRE

En Barcelona sin Mónica: *Experiencias vitales*

1 Aquí tienes una serie de verbos en Indefinido. Colócalos en la caja que les corresponde.

viajaste *quiso* *vivieron* *tuve* *pedí* *hablasteis* *cantaste* *caminé* *hice* *supisteis* *pudieron* *oyó* *dijo* *trabajaron* *limpió* *empezó* *salimos* *bebimos*

formas regulares

formas irregulares

2 En cada una de estas frases hay un verbo en Indefinido. Marca si está en primera persona del singular (yo) o en tercera (él, ella, usted).

	1ª	3ª
1. El año pasado estuve en Lima.	☐	☐
2. El año pasado estuvo en Lima.	☐	☐
3. Vino ayer por la tarde.	☐	☐
4. Vine ayer por la tarde.	☐	☐
5. El fin de semana hice mucho deporte.	☐	☐
6. El fin de semana hizo mucho deporte.	☐	☐
7. Comí seis veces paella el mes pasado.	☐	☐
8. Comió seis veces paella el mes pasado.	☐	☐
9. El lunes tuve muchísimo trabajo.	☐	☐
10. El lunes tuvo muchísimo trabajo.	☐	☐
11. Anoche cené con unos viejos amigos.	☐	☐
12. Anoche cenó con unos viejos amigos.	☐	☐

¿Qué conclusiones sacas respecto a las terminaciones de estas personas?

3 Aquí tienes el currículum de Juan Morcillo. Se ha olvidado de poner algunos verbos en Indefinido. ¿Puedes ayudarle? Después, escribe en tu cuaderno un resumen en tercera persona.

cerrar | decidir | trabajar | nacer | crear | empezar | terminar | suspender | repetir | estudiar | abrir

CURRICULUM VITAE

Juan Morcillo
c/Calatrava, 5, 1º
28037 Madrid

- Nací en Madrid, el 15 de junio de 1968.
- _________ Educación General Básica (E.G.B.) en el Colegio "Ortega y Gasset" desde 1974 hasta 1986.
- _________ curso cuatro veces.
- _________ Bachillerato en el Instituto "Jaime Balmes", pero _________ dos veces el primer curso y por eso, en 1988, _________ estudiar Formación Profesional. _________ en 1992.
- De 1992 a 1995 _________ como electricista en la empresa "Pufolux".
- En enero de 1996 _________ mi propia empresa.
- En marzo de 1999 _________ la empresa, pero en junio de 2000 _________ otra.
- Ahora soy el director de "MORCILLO, S.A."

Firma: *Juan Morcillo*

4 ¿Qué estuvo haciendo toda esta gente el pasado fin de semana? Para contestar, utiliza **estar** + Gerundio.

1. Adriana y Nuria *todo el fin de semana*

2. Los señores Galdós *el sábado por la mañana*

3. Mariana *el domingo*

4. Felipe *el sábado y el domingo*

1. ______________________________
2. ______________________________
3. ______________________________
4. ______________________________

5 Completa la historia de Patricia y Alberto con **hace**, **desde hace**, **después** y **al cabo de**.

Pues Patricia y Alberto se conocieron en la Facultad de Derecho ____________ doce años. Cuando acabaron la carrera, no sé si cinco o seis años ____________, se casaron y montaron juntos un bufete. Al principio, las cosas no iban muy bien, tenían pocos clientes y muchas deudas. Pero fueron fuertes y eso no les afectó en su relación. De hecho, ____________ un año tuvieron una hija, Laura, que todavía los unió más. Poco a poco el bufete empezó a funcionar y ahora tienen clientes importantes. Trabajan para el Banco Comercial ____________ tres años y ____________ cinco meses los contrató una multinacional. Pero, ya ves, ahora que no tienen problemas económicos, lo que pasa es que su relación no va muy bien ____________ un año más o menos. No sé, yo creo que trabajan demasiado. Salen del despacho discutiendo algún asunto del trabajo y dos horas ____________ siguen hablando de lo mismo mientras cenan con la niña. Necesitan más tiempo para ellos mismos. No sé. ¿Tú qué opinas?

6 En las siguientes frases, la persona que habla presenta los hechos sin relacionarlos con el momento en el que está hablando. Transforma lo que dice relacionando los hechos con el presente.

1. Estuve en Sevilla en Semana Santa.

   Esta Semana Santa he estado en Sevilla.

2. En julio y agosto me quedé estudiando en casa.

   Este verano... ______________________

3. En Navidades descansamos y comimos muchísimo.

   Estas Navidades... ______________________

4. En primavera fuimos a esquiar todos los fines de semana.

   Esta primavera... ______________________

5. Ayer y anteayer tuve muchos problemas en la escuela.

   Estos días... ______________________

6. Fui a Segovia en octubre.

   Este octubre... ______________________

7. El domingo pasado pasé toda la mañana en el gimnasio.

   Este domingo... ______________________

7 Completa estas frases, comparando los siguientes hechos ocurridos en diferentes momentos del pasado.

1. Ayer fue un día fantástico, pero hoy ha sido el peor día de mi vida.
2. El domingo pasado me divertí muchísimo, en cambio este domingo...

   ____
3. La vez anterior que tuve una gripe no me encontré muy mal, sin embargo, esta última vez...

   ____
4. Este domingo he ido a una exposición que me ha gustado mucho, en cambio, hace un mes...

   ____
5. Últimamente mi jefe ha viajado mucho: a Roma, a Lisboa, a París..., en cambio, el año pasado...

   ____
6. Esta semana he tenido muchísimo trabajo, sin embargo, la semana pasada...

   ____

8 Aquí tienes una síntesis de la vida del pintor Joan Miró. Léela. Luego, escribe su biografía utilizando algunos de los recursos que aparecen en el texto de la página 120 del *Libro del alumno*.

en los años | al cabo de | desde | durante | a los X años | en ese momento | después

Miró

20-4-1893:	Nace en Barcelona.
1907:	Empieza a estudiar Comercio y, también, Bellas Artes.
1910:	Trabaja en una droguería.
1911:	Se pone gravemente enfermo y tiene que descansar en la casa de su familia en Montroig, en la provincia de Tarragona.
1912:	Decide dedicarse a la pintura.
1915:	Empieza a pintar paisajes influenciado por Cézanne.
1918:	En noviembre termina la Primera Guerra Mundial y Miró decide irse a París.
1920:	En marzo visita el taller de Picasso. Durante unos meses no dibuja prácticamente nada. En junio vuelve a España y se instala en Montroig, donde pinta cuadros con influencias cubistas.
1921:	En febrero viaja por segunda vez a París. 14 de mayo: primera exposición individual en París. A partir de ese momento vive entre Montroig y París. Pinta La Masía.
1922-1924:	Conoce a intelectuales (Hemingway, Miller,...) y artistas. El surrealismo cambia su pintura. Miró termina su etapa realista.
1929:	Tiene una crisis importante. Dice: "Es necesario asesinar la pintura". Empieza a experimentar con nuevas técnicas (collages, construcciones con objetos, etc.). Se casa en Palma de Mallorca.
1930-36:	Exposiciones individuales en Barcelona, París, Chicago. Conoce a Matisse y a Kandinsky. Se declara la Guerra Civil española (1936-39). Miró decide instalarse en Paris. La guerra produce un nuevo cambio en su pintura, pasa a ser oscura y triste...
1937:	Hace una gran pintura mural por encargo del gobierno republicano.
1940:	Vuelve a España con su familia.
1941:	Se va a vivir a Palma de Mallorca.
1942:	Deja Palma y vuelve a Barcelona.
1944:	Empieza a dedicarse a la escultura y sigue pintando sobre tela.
1947:	Pasa nueve meses en Nueva York.
1948-50:	Hace las primeras litografías y los primeros grabados en madera.
1951-56:	Continúa exponiendo – esculturas, pinturas y grabados – en las mejores galerías del mundo.
1956:	Decide vivir en Palma de Mallorca. Destruye muchas obras pintadas durante la guerra.
1959:	Termina una etapa de su pintura.
1960-1974:	Muchísimo trabajo y exposiciones en todo el mundo. Se dedica sobre todo a la escultura monumental.
1975:	Se inaugura la Fundación Miró en Barcelona. Miró sigue haciendo grandes esculturas para distintas ciudades de todo el mundo.
1983:	Cumple 90 años. El día de Navidad muere en Palma de Mallorca.

Joan Miró nació en Barcelona en 1893. A los 14 años empezó a estudiar Comercio y Bellas Artes. Tres años después...

9 Transforma estos enunciados según el ejemplo.

1. Los delincuentes más importantes de este siglo no siempre han sido detenidos por la policía.
   A los delicuentes más importantes de este siglo no siempre **los ha detenido** la policía.
2. El presidente del Banco Comercial ha sido declarado culpable de fraude fiscal.
   Al presidente del Banco Comercial... ______
3. La pobreza de los países del hemisferio Sur es producida por la riqueza del Norte.
   La pobreza de los países del hemisferio Sur... ______
4. El conocido cantante Julio Ermitas ha sido secuestrado esta mañana por unos jóvenes.
   Al conocido cantante Julio Ermitas... ______
5. Los inmigrantes son acusados por gente de cosas que no han hecho.
   A los inmigrantes... ______

10 Imagina que estás en una pequeña isla. Envía una postal a un amigo explicándole lo que has hecho estos días. Aquí tienes la información que vas a darle.

- Isla muy pequeña, de pocos habitantes.
- Colaboración en un proyecto ecologista.
- Ocupaciones: trabajar en el campo, cuidar animales, dar clases de inglés.
- Te levantas pronto. Desayunas mucho.
- En una fiesta comes cosas que nunca habías probado.
- Asistes al parto de una cabra.
- Trabajas hasta las tres de la tarde.
- Conoces a un/a chico/a que te gusta mucho.
- Muchas tardes vas en bicicleta o paseas junto al mar con él/ella.

Estos días he estado en ... y ...

10 Experiencias vitales

Es martes y Kosei ha quedado con Inés. A las 6 de la tarde en el Zurich, un café que está en la Plaza de Cataluña. Inés es muy puntual.

–¿Qué tal, Kosei? ¿Cómo estás?

–Bien. ¿Y tú?

–Muy bien, con muchas ganas de practicar el japonés. ¿Hoy en qué hablamos: en español o en japonés?

–No sé...

–Bueno, hoy en español, ¿vale?

–Vale.

–¿Has encontrado a tu novia?

–No, no la he encontrado. Pero he decidido olvidarla.

–¿Y puedes olvidarla tan fácilmente?

–No, de momento, no, pero voy a intentarlo. En Barcelona estoy bien, vivo en un piso muy bonito, la gente del piso es encantadora, las clases de español son estupendas, esta ciudad es preciosa, no trabajo...

–Anda, qué suerte.

–Sí, es que en Japón tengo una pequeña empresa... Como decidí venir a Barcelona para vivir con Mónica, le dejé la empresa a mi hermano durante un año. O sea, que este año estoy de vacaciones.

–¡Qué envidia! ¿Y cómo conociste a Mónica?

–La conocí hace dos años en Londres. Estuve allí el mes de agosto estudiando inglés.

–Anda, como yo. Yo a mi novio, a Junichi, lo conocí en Oxford en un curso de inglés hace tres veranos.

–¡Qué casualidad! ¿Y luego él volvió a Japón?

–Sí, volvió a Japón y yo volví a Barcelona. Estuve trabajando un tiempo, ahorré un poco de dinero y en Semana Santa fui a verlo a Tokio. Y estuvimos muy bien juntos, mejor que en Oxford. Fueron diez días maravillosos.

–¿Y él no ha venido nunca aquí?

–Sí, vino la pasada Navidad. Estuvo aquí quince días. Y lo pasó muy bien: la Navidad, la Nochebuena, los Reyes... Le encantó. Y este verano quiere volver porque quiere buscar trabajo aquí. Pero es un poco difícil...

–¿A qué se dedica?

–Es economista. ¿Y tú a qué te dedicas?

–Soy informático y tengo una empresa de exportación e importación.

–Oye, ¿y a Mónica no la ves desde hace dos años?

–No, no. Nos conocimos hace dos años, en agosto. Unos meses después los dos fuimos a Nueva York y pasamos diez días juntos. Fueron unos días estupendos y me enamoré muchísimo más de ella. Eso fue en diciembre... Luego ella vino a pasar una semana a Osaka en abril o en mayo, ahora no me acuerdo... y ya no nos hemos visto más.

–Pero ¿qué os ha pasado exactamente?

–No lo sé. En enero decidimos vivir juntos en Barcelona. Yo organicé todo en la empresa y vine aquí. Le dije el día y la hora del vuelo. Pero, cuando llegué, no estaba. Y hasta ahora.

–¡Qué horror! No lo entiendo.

–Yo tampoco.

Cuando llega a casa, se encuentra a Nelson trabajando en el salón. Está escribiendo en el ordenador.

–Hola, Nelson, ¿qué haces?

–Estoy escribiendo un currículum. Es un rollo. No me gusta nada.

–¿Y para qué lo necesitas?

–Es que un amigo mío trabaja con un arquitecto que está buscando un ayudante... Y, claro, es un trabajo que me interesa mucho.

–¿Has trabajado alguna vez en un estudio de arquitectos?

–Sí, el año pasado estuve trabajando todo el curso con una arquitecta en São Paulo. Y aprendí muchísimo. ¿Y tú cuándo terminaste la carrera de informática?

–Hace tres años.

–¿Y empezaste a trabajar enseguida?

–Sí, terminé y al cabo de diez días empecé en una empresa.

–Supongo que para los informáticos es fácil encontrar trabajo.

–Sí, y, además, tuve suerte. En esa empresa trabajé dos años. Aprendí muchísimo y, cuando salí, monté mi propia empresa –le sigue explicando Kosei.

–¿Y fue duro?

–Sí, al principio muchísimo. Tuve que pedir un crédito al banco y trabajé muchísimo para devolverlo. Pero ahora estoy muy contento.

–Claro, sobre todo este año de vacaciones...

Grit sale de su habitación.

–¿Qué? ¿Os estáis contando la vida?

–Pues sí. Es que Nelson está escribiendo un currículum.

–A ver... Anda, empezaste la universidad el mismo año que yo.

–¿En serio?

–Sí.

–¿Para ser fotógrafa hay que ir a la universidad? –le pregunta Kosei.

–Es que yo hice ciencias de la imagen... No sé si se llama así en español... Estudié técnicas de vídeo, fotografía, cine... Pero lo que a mí me gusta es la fotografía.

–¿Y cuándo empezaste a hacer fotos tan buenas?

–Mira, cuando terminé la escuela, mis padres me regalaron una cámara de fotos profesional y pasé todo el verano haciendo fotografías... Y la primera fotografía que me publicaron en Berlín fue hace cuatro años, en una revista de la universidad.

–¿Y siempre estudiaste en Berlín?

–Bueno, fui dos veranos a París. Es que allí hay una escuela de fotografía muy buena. Y también estuve un cuatrimestre en Nueva York, en otra escuela.

–¿Y has hecho algún reportaje de viajes?

–Uno, el verano pasado. Hice un reportaje de la vida en el desierto del Sahara. Fue una experiencia maravillosa, pero pasé un calor espantoso. Estuve dos meses.

–¡Qué interesante! –le comenta Kosei.

–Victoria me contó –comenta Nelson– que hace un año estuvo en el desierto de vacaciones con unos amigos y que tuvieron muchísimos problemas.

–¿Con la gente? –Grit se sorprende.

–No, ¡qué va! Tuvieron problemas técnicos: se les estropeó el coche dos veces, dos compañeros se pusieron enfermos, ella tuvo problemas con los insectos... Dice que fue un viaje espantoso, pero que el desierto es una maravilla.

–Grit, nos tienes que enseñar las fotos.

–Vale, pero otro día, ¿eh?, que es muy tarde y estoy cansadísima. Buenas noches.

Unidad 11

Übungen

1. Wortschatz zum Thema "Soziale und wirtschaftliche Probleme"
2 Kreutzworträtsel: Präsens des Subjuntivo
3. Präsens des Subjuntivo. Endungen
4 Sätze mit dem Präsens des Subjuntivo vervollständigen
5 Konjunktionen: aunque / por eso / como / mientras que...
6. Über die beste Art des Sprachenerwerbs seine Meinung äußern
7. Konjunktionen: aunque / pero / mientras que
8. Übereinstimmung oder Widerspruch zum Thema "Männer und Frauen" äußern
9. Porque / como / por eso / lo que pasa es que
10. Aussagen zu aktuellen Themen bekräftigen oder ihnen widersprechen
11. Auf Nachrichtenschlagzeilen reagieren

LEKTÜRE

En Barcelona sin Mónica: *Hombres y mujeres*

Unidad 11 Ejercicios

1 En esta unidad estás aprendiendo palabras que se refieren a problemas sobre cuestiones económicas y sociales. ¿Cuáles puedes relacionar con estos temas?

Los problemas actuales de la Humanidad	Los problemas actuales de tu país	Los problemas actuales de los jóvenes

Ahora, en grupos de tres, comparad vuestras listas y acordad cuáles son los tres términos más importantes sobre cada tema.

2 ¿Cuáles son los Infinitivos que corresponden a estas formas del Presente de Subjuntivo? Intenta completar el crucigrama.

1. pida
2. durmamos
3. sigas
4. veas
5. vaya
6. hagáis
7. muera
8. salgan
9. veamos
10. seamos
11. tenga
12. diga

3 ¿Con cuántos verbos puedes continuar estas series en dos minutos?

hable, ande, estudie, ayude, ________

comamos, vivamos, leamos, ________

estudien, contesten, cocinen, ________

aparquemos, bajemos, gastemos, ________

vivas, escribas, recibas, ________

dejéis, nadéis, paséis, ________

Ahora reflexiona: ¿qué tiene en común cada serie? Coméntalo con tu compañero.

4 Completa las frases con estos verbos en las formas adecuadas. Recuerda que con muchas de estas estructuras tienes que usar el Subjuntivo.

conocer · salir · hacer · ser · poder · estar · acostarse · ganar · tener · ir · venir · haber · saber

1 • ¡Pobre Miguel!
○ Sí, es increíble que no pueda encontrar trabajo. Es una persona muy inteligente y muy trabajadora.

2 • A sus padres les parece muy mal que ________ todas las noches con sus amigos. Es que saca muy malas notas en la escuela...

3 • La gente cada día viaja más...
○ Es importante que la gente ________ otros países, otras culturas.

4 • Es horrible que ________ tanta violencia en los medios de comunicación, en el cine, en la tele, en todas partes...

5 • ¿Qué opinas tú, Maribel?
○ Pues me parece muy injusto que Elisabeth ________ menos que David. Hacen el mismo trabajo...

6 • ¿Es cierto que los españoles ________ casi todos los días muy tarde, a las doce o a la una de la noche?

7 • "Es necesario que el Gobierno ________ cambios importantes en su política ecológica", ha declarado el jefe de la oposición.

8 • No es cierto que la mayoría de la gente ________ más problemas ahora que hace veinte años. Yo creo que la gente, en España, ahora, vive mejor.

9 • En España hay mucho paro y mucha inmigración también...
○ A mí me parece muy bien que muchos extranjeros ________ a vivir a nuestro país. Pero no todo el mundo piensa igual.

10 • ¡Qué pareja tan rara!
○ Sí, es increíble que ________ tan diferentes... Es que no se parecen en nada. Pero parece que se llevan muy bien...

11 • Me parece normal que tu novia ________ enfadada contigo. Siempre estás trabajando, nunca sales...

12 • Está muy bien que ________ a ver a tu abuelo todos los días.

13 • Elisa es superdotada.
○ Sí, es increíble que ________ tantas cosas con solo 7 años.

5 ¿Con cuáles de estos conectores puedes relacionar las siguientes ideas? Ten en cuenta que en muchos casos puede haber varias posibilidades y que quizá tengas que cambiar un poco las frases.

por eso	**mientras que**
como	**además**
aunque	**esto es así porque**
pero	**lo que pasa es que**

- Para muchos trabajos se necesita hablar idiomas.
- Mucha gente estudia idiomas.

- En los países industrializados se tiran muchas cosas.
- En los países no industrializados faltan alimentos.

- Los jóvenes ven mucha televisión.
- Los jóvenes leen muy poco.

- En el campo, en Latinoamérica, la vida es muy difícil.
- La gente emigra a las grandes ciudades.
- Las grandes capitales son enormes.

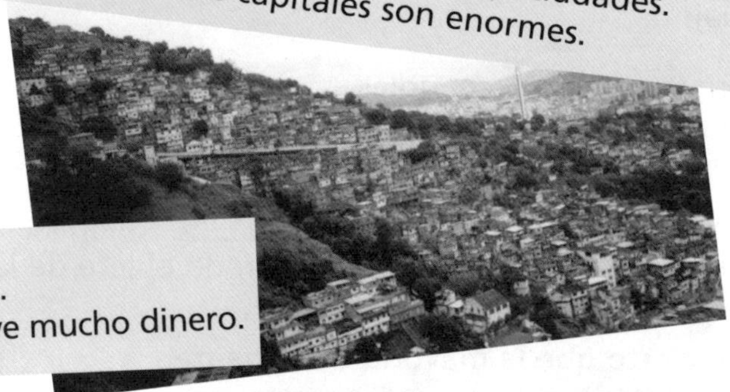

- Es muy difícil luchar contra las drogas.
- El narcotráfico es un negocio que mueve mucho dinero.

- Hay demasiados coches.
- La contaminación es cada día peor.

- Muchos turistas viajan a España.
- Muy pocos visitantes conocen bien España.
- La mayoría va a sitios turísticos.

6 Aprender una lengua no es fácil. Y no todo el mundo piensa que se hace igual. ¿Cómo crees tú que se aprende mejor una lengua? Señala las opciones que te parecen más acertadas o añade otras.

¿Cómo aprender un idioma?

☐ Lo mejor es traducirlo todo.
☐ Es mejor no traducir nunca.
☐ ______________________

☐ Es necesario conocer la cultura y las costumbres de los países para aprender su lengua.
☐ La cultura es totalmente independiente del aprendizaje de una lengua.
☐ ______________________

☐ Lo más importante es hablar.
☐ Lo más importante es leer y escribir. Hablar es más fácil.
☐ ______________________

☐ Cuando leemos o escuchamos, es importante buscar todos las palabras en el diccionario.
☐ Lo mejor es deducir el significado de las palabras nuevas.
☐ ______________________

☐ Es fundamental estudiar gramática y que el profesor la explique bien.
☐ Estudiar gramática no sirve para nada. Es mejor aprender utilizando la lengua y sin pensar.
☐ ______________________

☐ Se aprende mejor solo.
☐ Se aprende mejor en grupo, comunicándose con los compañeros y con el profesor.
☐ ______________________

☐ Es necesario que los estudiantes participen en clase.
☐ Los estudiantes aprenden escuchando al profesor.
☐ ______________________

☐ Es necesario que los ejercicios sean interesantes, divertidos.
☐ Hay ejercicios muy pesados, pero que son necesarios.
☐ ______________________

☐ Es muy bueno utilizar las expresiones, vocabulario, gramática... que hemos aprendido.
☐ No es necesario utilizar algo para aprenderlo.
☐ ______________________

Ahora, explica tus ideas a la clase. Utiliza **yo creo que / a mí me parece que / yo pienso que...**

En casa, escribe un pequeño texto sobre cómo crees que se aprende mejor un idioma y cómo es una buena clase de lengua extranjera.

7 En casi todas las familias hay motivos de desacuerdo. Relaciona estas informaciones sobre la familia Ríos Rojas usando **aunque, pero, mientras que...** u otros conectores que recuerdes.

La familia Ríos Rojas está compuesta por el señor y la señora Ríos y sus hijos: Laura, Vicente y las gemelas Rita y Berta.

- Laura, la hija mayor, no quiere estudiar. Quiere ser actriz.
- Al Sr. Ríos le parece muy mal que su hija no quiera estudiar.
- Laura es vegetariana.
- El padre siempre está riñendo a Vicente, el chico, porque no estudia.
- Rita y Berta, las pequeñas, son gemelas.
- Los padres fuman mucho.
- Vicente, el hijo, lleva un piercing en la nariz.
- La Sra. Ríos no es muy guapa.
- Al Sr. Ríos le parece ridículo que su hijo lleve un piercing en la nariz.
- Rita y Berta no se parecen nada físicamente.
- La Sra. Ríos prepara cada día carne de segundo plato.
- Los Ríos viven en Cádiz.
- El Sr. Ríos trabaja en Málaga.
- Vicente saca muy buenas notas.
- Los hijos son todos muy atractivos.
- Las gemelas tienen solo 13 años.
- Vicente estudia muy poco.
- La televisión siempre está encendida.
- A la Sra. Ríos le parece muy bien que su hija quiera ser actriz.
- A las gemelas les parece injusto que no las dejen salir solas de noche.
- Ninguno de los hijos fuma.
- Nadie ve nunca la televisión.

Aunque a su padre le parece muy mal, Laura no quiere estudiar.

8 Aquí tienes algunas opiniones sobre los hombres y las mujeres. ¿Qué opinas tú?

- Los hombres son más sinceros que las mujeres.

○ No, eso no es verdad. Yo creo que las mujeres son más sinceras que los hombres.

- En el fondo todos los hombres son machistas...
- No se educa igual a los niños que a las niñas.

- ¿Yo? En el colegio yo prefiero estudiar o hacer trabajos con chicas. Son más responsables.
- Los hombres son más egoístas que las mujeres.
- Todas las mujeres conducen mal. No sé por qué pero es así...
- En el trabajo hay todavía muchas injusticias y mucha desigualdad entre hombres y mujeres.
- Las mujeres son mucho más sensibles que los hombres.

9 Completa este diálogo con **porque**, **como**, **lo que pasa es que** o **por eso**.

- ¿Has visto qué mala cara tiene Alfredo? ¿Crees que se encuentra bien?
○ Sí, ____________________ sale mucho de noche.
- Ya. ____________________ tiene tantas ojeras. Antes no salía tanto, ¿verdad?
○ Pues no. ________________________ vivía con su madre y no le dejaba. Pero ahora, ________________________ vive solo, hace lo que quiere.
- ¿Y al trabajo? ¿Llega puntual?
○ Claro. Alfredo siempre ha sido muy profesional. Se acuesta muy tarde, pero siempre llega puntual al trabajo, __________________ tiene tan mal aspecto. Solo duerme dos o tres horas cada noche.
- ¿Y su novia? ¿No dice nada?
○ Pues no. ______________________ está tan enamorada, no le importa.
- A mí tampoco me molesta que salga o no. Me preocupa su salud.
○ Sí, a mí también. ____________ debemos aconsejarle que haga una vida más sana. Más horas de descanso, más deporte y solo salir de noche los fines de semana.
- Sí. Es por su bien.

10 Éstas son las opiniones de unas personas sobre algunos temas de actualidad. Léelas, señala con cuáles estás de acuerdo y, luego, coméntalas con tu compañero.

- Yo pienso que es lógico que haya emigración.
- Es normal que los países ricos fabriquen muchos de sus productos en países pobres.
- No creo que la globalización de la economía sea perjudicial para los países pobres.
- Es totalmente ridículo que todavía haya racismo en el mundo.
- Es maravilloso que podamos clonar animales.
- A mí me parece maravilloso que exista Internet.
- Es una vergüenza que los futbolistas ganen tanto dinero.
- Yo pienso que es peligroso que los políticos tengan tanto poder.
- A mí me parece muy mal que todavía se hagan corridas de toros.

- Yo pienso que es lógico que haya emigración.
○ Sí, de acuerdo, pero es terrible que la gente tenga que abandonar su país.

11 Imagina que lees estos titulares en un periódico. De hecho, se parecen bastante a los que encontramos, todos los días, en la prensa. ¿Qué expresiones eliges para reaccionar? Léelas con un compañero.

¡Qué horror! ¡Qué interesante! ¡Qué absurdo! Es increíble. Es normal.

¡Qué bien! ¡Qué peligroso! ¡Qué injusto! ¡Qué tontería! Es horrible. ¡Es fantástico!

Un profesor de la Universidad de Toledo ha descubierto un medicamento revolucionario: hace crecer el pelo en solo cinco horas.

La guerra sigue en la República de Garafistán. Los nacionalistas garafisteños han ocupado esta noche la capital.

Expulsan a un profesor por suspender a un 95% de sus alumnos durante 10 cursos académicos seguidos.

LA POLICÍA ENCUENTRA UN CARGAMENTO DE 20 000 KILOS DE MARIHUANA EN EL PUERTO DE BARCELONA.

MÁS DE **60 PLANTAS Y 19 ESPECIES ANIMALES** ESTÁN **EN PELIGRO DE EXTINCIÓN** EN ESPAÑA. EN EL VALLE DE ORDESA (HUESCA), POR EJEMPLO, SOLO QUEDAN 30 CABRAS PIRENAICAS.

Tres niños acceden desde su casa al ordenador central del Ministerio de Defensa.

La **AGEM** (Asociación de Grandes Empresas Mexicanas) ha declarado que los sueldos van a subir este año un 12%.

UN **EMPRESARIO DESPIDE** A UNA **OBRERA** POR FUMAR EN EL TRABAJO.

"Estamos muy cerca de tener una vacuna contra el SIDA".
Ésta es la conclusión más importante del VII Congreso Internacional de Asociaciones Contra el SIDA, celebrado este año en Zurich.

La selección de Brasil gana a Argentina 2-0 y se proclama campeona del mundo de fútbol.

TERREMOTO
en la isla de Cualuché.
No ha habido víctimas.

11 Hombres y mujeres

Por fin una noche loca. Unos amigos de Nelson han organizado una fiesta y también han invitado a Victoria, a Grit, y a Kosei. La fiesta es en una casa con jardín en San Cugat, un pueblo cerca de Barcelona. Cuando llegan, ya hay más de cincuenta personas.

El ambiente es estupendo: buena música, buena comida, mucha bebida, mucha gente y, además, todo el mundo está muy animado. Nelson es el rey de la fiesta porque sabe bailar muy bien y les enseña a todos cómo se baila la samba... Todos están encantados. Una chica guapísima se acerca a Nelson y le dice:

–¿Me enseñas a bailar el tango?

–Eso es un poco difícil porque el tango se baila en Argentina y yo soy brasileño...

–Bueno, no importa. ¿Bailas conmigo?

Y Nelson acepta sin ningún problema.

Kosei también tiene mucho éxito y baila todo el tiempo con chicas diferentes: una buena excusa para practicar el español y olvidar a Mónica. Pero ninguna chica le gusta tanto como ella. Mónica, siempre Mónica.

Cuando termina la fiesta, vuelven a casa y se quedan en el salón hablando un rato.

–Ha sido una noche estupenda –dice Kosei–, he bailado con muchas chicas, he hablado con ellas, me he divertido, pero ninguna me ha gustado tanto como Mónica...

–Lo que pasa, Kosei, es que sigues enamorado de ella y todavía no la has olvidado... –le dice Victoria.

–Sí, pero es muy difícil olvidar a alguien si no sabes qué ha pasado –dice Grit–. Es horrible que te dejen y no te digan por qué...

–A mí también me parece horrible y, sobre todo, muy injusto –añade Nelson–. En estos casos lo mejor es hablar.

–Sí, pero yo creo que, quizás, Mónica tiene vergüenza y no sabe cómo explicárselo a Kosei –dice Victoria–. Kosei ha venido a Barcelona por ella. Como le va a decir, ahora, que ya no quiere estar con él...

–No sé, no lo entiendo –dice Kosei.

–Es que las mujeres son muy raras... –dice Nelson.

–¿Raras nosotras? –dice, muy enfadada, Grit–. Vosotros sí que sois raros. Es dificilísimo entenderos. Yo creo que los hombres sois extraterrestres, seres de otros planetas.

–Yo pienso que estás exagerando, Grit... –le dice Victoria–. A mí me parece que muchas veces pensamos que somos iguales y ése es el problema. Porque , en realidad, por la educación, por la historia o por el ADN, somos diferentes... Pero no completamente diferentes. Yo creo que nos podemos entender y, de hecho, nos entendemos...

–Lo que ha dicho Nelson es un ejemplo de que no nos entendemos... Estamos hablando de Mónica y, de repente, dice que todas las mujeres somos raras...

–Pues a mí me parece una tontería que digas que somos extraterrestres. Yo he hecho una broma... ¿No te gustan las bromas?

–No, no me gustan... Y menos las bromas machistas.

–Lo siento, perdona –le dice Nelson a Grit–. Ni una broma más.

–Lo que sí es raro es lo de Mónica –dice Kosei–. Yo soy un buen hombre: me enamoro, dejo mi trabajo, vengo a vivir con ella y, cuando llego, no está... Eso es muy injusto, totalmente injusto.

–La verdad, Kosei, es que eres un hombre excepcional –le dice Victoria abrazándolo–, pero quizá Mónica ha tenido algún problema. Un problema que no sabemos y que puede explicar todo este lío.

–Bueno, pero la realidad es que, aunque Kosei ha dejado su trabajo y ha venido aquí, Mónica no ha aparecido y no le ha dado ninguna explicación y, por eso, lo que tiene que hacer Kosei es olvidarla. Olvidarla de una vez –Nelson repite su teoría.

–Yo intento olvidarla –dice Kosei.

–¿Ah, sí? A ver, ¿le has pedido el teléfono a alguna de esas chicas con las que has bailado esta noche?

–Pues no –le contesta Kosei.

–¿No has pedido ni un teléfono?

–No, ni uno.

–¿Y tampoco el e-mail?

–Tampoco.

–Kosei, esto no puede ser...

–Pero si tú tampoco tienes novia, Nelson.

–No, pero estoy tranquilo: conozco a muchas chicas, salgo bastante, ligo... No tengo problemas.

–A mí me parece que todos los problemas empiezan cuando te enamoras –dice Victoria.

–Estás todo el día pensando en la misma persona, ya no ves a nadie más, solo te interesa ver a esa persona... Aunque no sé si a los hombres os pasa lo mismo...

–Sí, claro que sí –dice Kosei–. Pero a mí me parece que enamorarse es fantástico: estás de buen humor, tienes ganas de hacer cosas...

–Pues a mí me parece que enamorarse es una enfermedad –dice Grit–. Te vuelves tonto... Eres una persona normal, te enamoras y empiezas a parecer un idiota.

–Aquí tenemos a un hombre romántico y a una mujer escéptica –dice Nelson.

–Bueno, queridos, como me parece que no vamos a llegar a ninguna conclusión esta noche, me voy a la cama. Buenas noches a todos –les dice Victoria mientras se va a su dormitorio.

–Creo que Victoria tiene razón. Yo también me voy a dormir. Hasta mañana –se despide Grit.

Una vez solos, Kosei le pregunta a Nelson:

–Nelson, dime la verdad: ¿tú crees que soy un poco tonto?

–No, no creo que seas tonto. Pero creo que estás obsesionado. Ya sé que es muy difícil aceptar lo que te está pasando...

–Sí, es muy difícil, dificilísimo.

–Sí, de acuerdo, pero ahora estás en un país nuevo, en una ciudad nueva, estás conociendo a mucha gente y no puedes pensar solo en Mónica...

–No pienso solo en ella.

–Kosei, por favor... Miras el móvil continuamente, te pasas el día abriendo el correo electrónico para ver si te ha escrito, no miras a ninguna otra mujer... Yo pienso que tienes que aprovechar la vida en Barcelona. Es verdad, lo que te ha pasado es horrible, pero tienes que seguir viviendo sin pensar en ella. Lo que te ha pasado es extraño, muy extraño, pero no es el fin del mundo.

–Tienes razón.

–Y esta semana vas a salir todas las noches con mis amigos o con tus compañeros de español...

–Sí, tienes razón.

Unidad 12

Übungen

1. **Imperativ. Unbetonte Pronomen**
2. **Ein Kochrezept vervollständigen**
3. Hay que **oder** tener que
4. **Der verneinte Imperativ**
5. **Vorschläge für Unternehmungen in der nächsten Woche annehmen oder ablehnen**
6. **Der bejahte und verneinte Imperativ. Unbetonte Pronomen**
7. **Körperteile. Hilfe anbieten**
8. **Den idealen Mann/Die ideale Frau beschreiben**
9. **Ratschläge zur Lösung von Problemen**
10. **Anleitung und Ratschläge geben**
11. Tener que / hay que / poder

LEKTÜRE

En Barcelona sin Mónica: *Kosei aprende a cocinar*

1 Completa estos diálogos con los verbos en Imperativo y añade los pronombres necesarios.

1. ● ¿Puedo abrir la ventana?
   ○ Sí, claro, *(abrir)* ______________, Sr. García.

2. ● Perdone, ¿sabe dónde hay por aquí cerca una farmacia?
   ○ ¿Vais en coche o andando?
   ● Andando.
   ○ Pues entonces *(seguir)* ____________ por esa calle, *(cruzar)* ____________ la plaza y allí mismo, justo enfrente, hay una.
3. ● ¡Uy! ¡Qué tarde es! Mario, por favor, *(calentar)* ____________ un poco de aceite en una sartén, que enseguida empiezo a hacer la cena.
4. ● Sra. Álvarez, debe cuidar su salud. *(Tomarse)* ____________ una aspirina después de las comidas y *(comer)* ______________ mucha verdura y mucha fruta.
5. ● Buenas tardes. Somos los señores Casas.
   ○ *(Seguirme)* ______________, por favor. El señor Alba les está esperando.

6. ● Carlitos, por favor, *(bajar)* ______________ el volumen de la tele.
7. ● El Sr. Paz, ¿verdad? Este paquete es para usted. ¿Dónde lo dejo?
   ○ *(Dejar)* ______________ aquí mismo, gracias.
8. ● Señor Martínez, es la quinta vez que le llamo. *(Salir)* ______________ del despacho y *(venir)* ______________ aquí inmediatamente.
9. ● ¿Qué hago con todos estos libros?
   ○ No sé... *(Vender)* ______________, si puedes.
10. ● Gabriel, por favor, *(poner)* ______________ la mesa. La comida ya está lista.

2 Vamos a aprender una nueva receta: las "papas arrugadas", una comida típica de las Islas Canarias. ¿Te acuerdas del léxico que has aprendido en la página 149 del *Libro del Alumno*? Ahora, vas a aprender unas cuantas palabras más.

pelar	escurrir	cubrir	echar	tapar

Aquí tienes la receta, pero hay un problema: se ha manchado y hay algunas palabras que no se leen bien. ¿Puedes completarlas?

Papas arrugadas

INGREDIENTES: 1 Kg. de patatas pequeñas (mejor de Canarias), 100 g. de sal gorda y agua.

No p___ las patatas. Láv___ muy bien con agua. Póngalas en una cazuela. Éch___ un poco de sal. Cúb___ con agua. Hiér___ durante veinticinco minutos. No tap___ la cazuela. Escú___ y déjelas al fuego 2 ó 3 minutos más. Se comen como acompañamiento de carnes y pescados. Y, también, con una salsa que se llama "mojo picón".

Escribe, ahora, la receta en tu libreta usando **hay que** y **tener que**.

¿Sabes freír un huevo? ¿Y preparar una ensalada? Explícaselo a tu compañero.

3 ¿Tienes alguna fórmula mágica para alguna de estas cosas o para otras? Escríbela en tu libreta. Utiliza **hay que** o **tener que**.

no engordar

ser famoso

tener muchos amigos

no enfadarse nunca

aprobar sin estudiar

gastar poco dinero

Para no engordar, hay que comer de forma sana y hacer mucho ejercicio.

4 Reacciona diciendo a estas personas que no hagan lo que preguntan. Debes dar también una pequeña explicación. El ejemplo te puede ayudar.

1
- ¿Qué te parece? ¿Vamos por la carretera ésa?
- No, no vayáis por ahí. Es una carretera malísima.

2
- ¿Qué hago? ¿Voy con Carlos a la fiesta de Clara?
- ______________________________

3
- ¿Cierro la ventana?
- ______________________________

4
- ¿Te despierto pronto mañana por la mañana?
- ______________________________

5
- ¿Puedo probar esta ensalada?
- ______________________________

6
- ¿Traigo algo de postre esta noche?
- ______________________________

7
- ¿Hago yo la cena?
- ______________________________

8
- Este pastel está buenísimo. ¿Crees que me puedo comer otro trozo?
- ______________________________

9
- ¿Quieres que te corte yo el pelo? No se me da muy bien, pero...
- ______________________________

10
- Necesito dinero. ¿Crees que debo dejar los estudios y buscar un trabajo?
- ______________________________

11
- ¿Tú qué crees? ¿Hago más ejercicios como éste?
- ______________________________

5 Imagina que ésta es tu agenda para esta semana. Si quieres, puedes añadir o cambiar cosas.

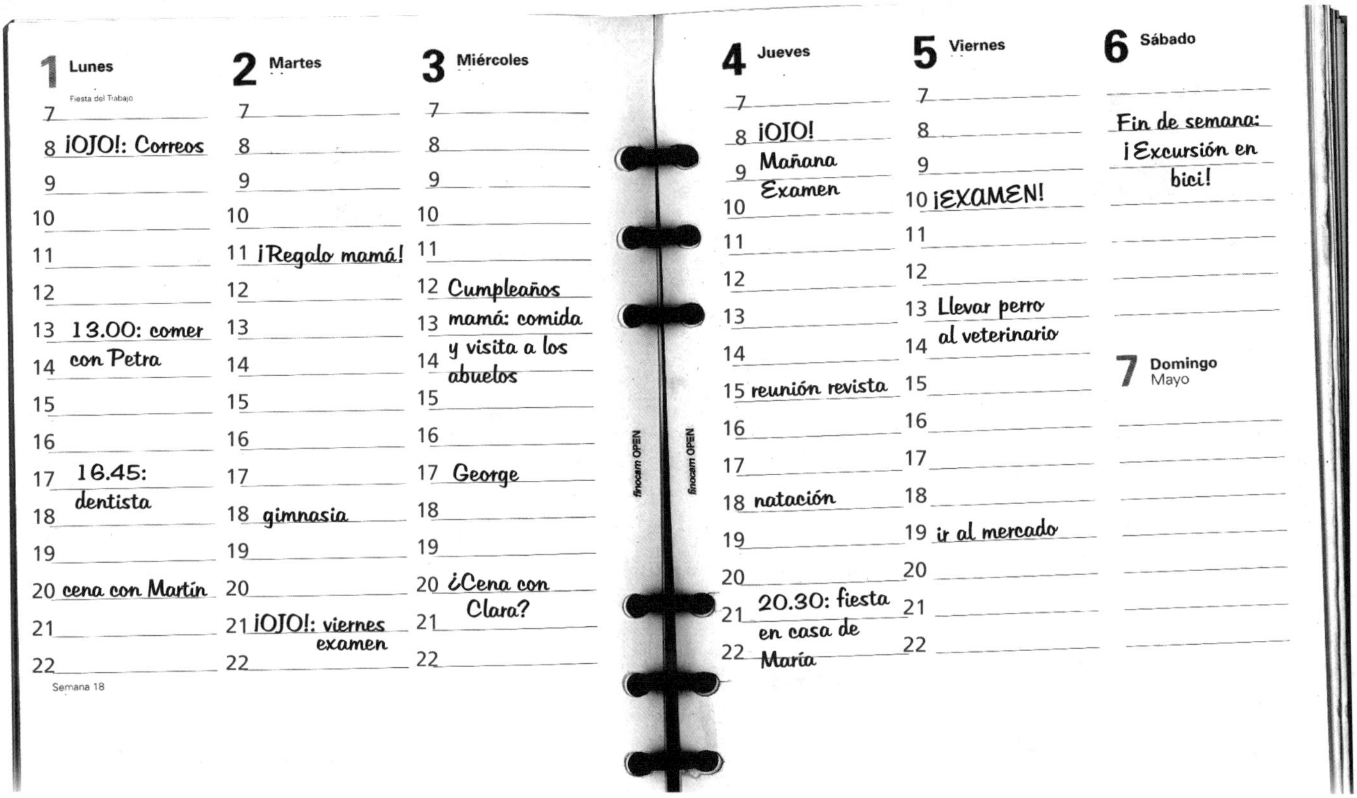

Ahora imagínate que diferentes personas te envían un e-mail con estas propuestas. Para contestarles, mira tu agenda y, si no puedes, excúsate. Escribe las respuestas en tu cuaderno.

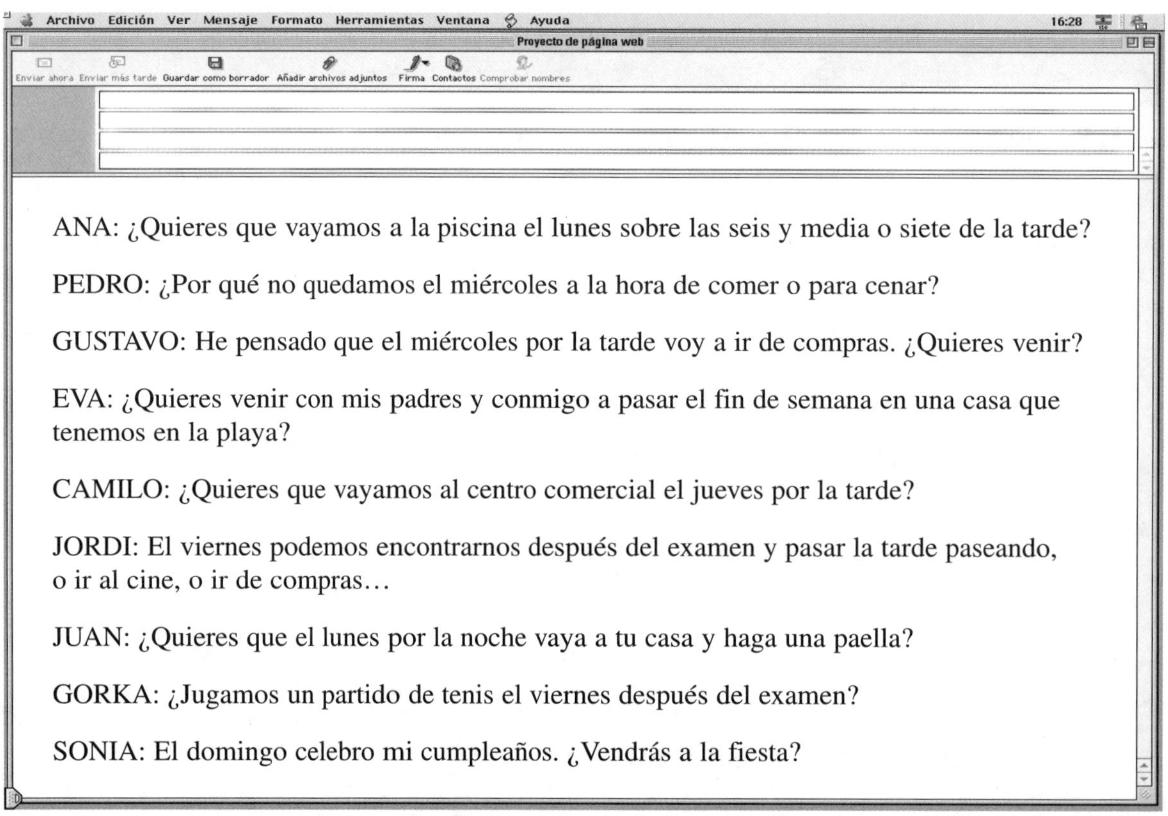

ANA: ¿Quieres que vayamos a la piscina el lunes sobre las seis y media o siete de la tarde?

PEDRO: ¿Por qué no quedamos el miércoles a la hora de comer o para cenar?

GUSTAVO: He pensado que el miércoles por la tarde voy a ir de compras. ¿Quieres venir?

EVA: ¿Quieres venir con mis padres y conmigo a pasar el fin de semana en una casa que tenemos en la playa?

CAMILO: ¿Quieres que vayamos al centro comercial el jueves por la tarde?

JORDI: El viernes podemos encontrarnos después del examen y pasar la tarde paseando, o ir al cine, o ir de compras…

JUAN: ¿Quieres que el lunes por la noche vaya a tu casa y haga una paella?

GORKA: ¿Jugamos un partido de tenis el viernes después del examen?

SONIA: El domingo celebro mi cumpleaños. ¿Vendrás a la fiesta?

6 Completa estos diálogos con las formas del Imperativo correspondiente y los pronombres necesarios.

1. ● ¿Puedo poner la tele?
   ❍ No, no ________________ todavía, que tengo que terminar esto.
2. ● ¿Podemos cerrar la ventana? Es que hace un poco de frío.
   ❍ Sí, sí, ____________________.
3. ● ¿Cómo funciona esta llave electrónica?
   ❍ ____________________ en la cerradura y luego aprieta el botón de la derecha.
4. ● ¿Tengo que apretar este botón para poner esto en marcha?
   ❍ Sí, __________________ y espera unos segundos.

5. ● ¿Hiervo ya los macarrones?
   ❍ No, no __________________ todavía. Mejor, dentro de cinco minutos.
6. ● ¿Enchufo esto?
   ❍ No, no _______________. Está estropeado.

7 Estas personas han tenido unos pequeños accidentes. ¿Qué crees que le duele a cada una de ellas? Escríbelo.

① ② ③ ④

¿Por qué no les ofreces ayuda? Recuerda que tienes que utilizar **¿Quiere/s que...?**

1. ____
2. ____
3. ____
4. ____

8 ¿Conoces a todas estas personas? ¿Quién te gusta más físicamente? Puedes añadir más nombres.

Antonio Banderas	Denzel Washington
Leonardo di Caprio	Jennifer López
Naomi Campbell	George Clooney
Brad Pitt	Salma Hayek
Penélope Cruz	Will Smith
______________	______________
______________	______________

• A mí me gusta Brad Pitt.
○ Pues a mí me gusta Penélope Cruz.

Explica, ahora, qué es lo que más te gusta de la persona que has escogido.

• De Brad Pitt me encantan sus ojos y sus labios.

¿Por qué no diseñas ahora a tu mujer/hombre ideal?

• Los ojos de Salma Hayek, el pelo de...

9 ¿Qué hay que hacer...?

...para curar un resfriado con fiebre

...para quitar el dolor de muelas

...para arreglar una rueda del coche

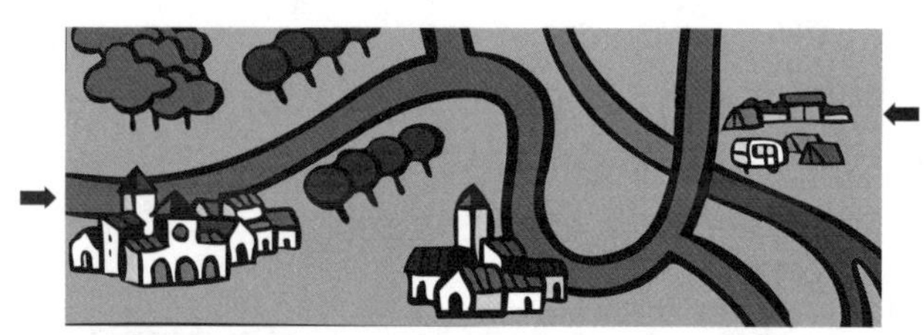

...para ir de Alcántara de Montejo al cámping

10 Aquí tienes unas instrucciones para cuidar tu corazón. Pero hay un problema: la persona que ha escrito el texto no sabe los Imperativos en español. ¿Puedes ponerlos tú?

"De todo corazón"

(Cambiar) Cambie sus costumbres:
su corazón se lo agradecerá.
No (fumar) __________, *no* __________ *(comer)* grasas y sobre todo
no (consumir) __________ alcohol.

(Moverse) __________, su corazón lo necesita.
(Ir) __________ en bicicleta,
(nadar) __________ al menos una vez por semana.
(andar) __________ más a menudo.
Y sobre todo, *(cuidar)* __________ su salud;
(comer) __________ más alimentos sanos.

(Entrar) __________ en acción. *(Subir)* __________ y
(bajar) __________ escaleras, *(andar)* __________,
(bailar) __________, *(dar)* __________ paseos por su
ciudad y (hacer) __________ excursiones.
No *(quedarse)* __________ parado.

Pero *(vivir)* __________ con tranquilidad: no *(tener)* __________ estrés.
No *(nadar)* __________ como en una competición y
no *(correr)* __________ como en una carrera olímpica.

Ahora, decide cuáles son los cinco mejores consejos y dáselos a tu compañero.

Para encontrarte bien y estar en forma, tienes que...

11 Lee el texto de esta campaña publicitaria para combatir el SIDA y complétalo con **tener que** / **hay que** / **poder**. Luego, en grupo, discutid vuestras soluciones.

La prevención es el único medio para luchar contra la propagación del SIDA.

Todo el mundo __________ ser consciente de los peligros del SIDA.

Información y prevención

1. Primero, __________ informarse bien.

Los padres __________ intentar estar siempre informados. __________ leer el periódico, escuchar la radio y ver la televisión. Pero también __________ conseguir más información en las distintas asociaciones de lucha contra el SIDA.

2. Segundo, __________ hablar con los hijos.

No es fácil hablar del SIDA con los hijos, pero __________ hacerlo. Cada uno __________ hacerlo a su manera, pero __________ superar los tabús, __________ utilizar palabras claras y, sobre todo, __________ tener las ideas claras. Nadie __________ prevenir el SIDA sin información. Y el SIDA __________ prevenirlo todos los días.

Ahora, escribe un texto similar destinado a prevenir otro problema sanitario o social: los accidentes de tráfico, el alcoholismo, la violencia, el racismo, etc. Puedes utilizar las formas lingüísticas del texto anterior.

12 Kosei aprende a cocinar

Después de hablar con Nelson, Kosei ha pensado y ha decidido hacer caso de sus consejos. O sea, que, desde hace unos días, Kosei es otra persona: sale continuamente por las noches con sus compañeros de español o con los amigos de Inés o con los de Nelson, se ha comprado ropa nueva, no mira continuamente el e-mail, no piensa en Mónica... En casa están muy contentos con el cambio, sobre todo Nelson.

Kosei también ha decidido aprender a hacer una tortilla de patatas porque pronto van a venir unos amigos de Osaka y quiere prepararles una cena típicamente española. Victoria sabe cocinar muy bien y deciden preparar la tortilla juntos y, así, Kosei aprende.

–¿Tenemos todos los ingredientes? –le pregunta Victoria.

–Sí, creo que sí. Tenemos huevos, patatas, cebolla y aceite.

–Muy bien, pues empezamos. A ver, pela las cebollas y córtalas en rodajas...

–¿Cómo en rodajas?

–Mira, así.

–Vale, vale.

–Y, ahora, pon un poco de aceite en la sartén y fríe las cebollas... Mientras tanto yo pelo las patatas y las corto.

–¿Tapo la sartén?

–Sí, tápala, mejor. Kosei, baja el fuego, que está muy alto.

–¿Y ahora qué hago?

–¿La cebolla está transparente? Pues, echa las patatas y mézclalas con la cebolla y, con el fuego bajito, vas removiéndolo todo. Así, muy bien. Tápalo un poco.

Un ratito después Kosei le dice a Victoria:

–Me parece que ya está...

–A ver... Sí, pues, ahora, saca la sartén del fuego y escurre un poco el aceite... Eso es. Bueno, ahora bates los huevos...

–¿Cuántos pongo?

–Como somos cuatro, pon cinco o seis.

–Voy a poner seis.

–Bueno, y ahora echas las patatas y la cebolla en los huevos batidos. Así, perfecto. Lo mezclas un poco. Eso es. Y pones un poco de aceite en la sartén.

–¿Así?

–Exacto. No mucho aceite. Espera, espera. No eches las patatas todavía. Tiene que estar bastante caliente.

–¿Ahora?

–Sí. Échalo todo de golpe. Y vas apretando un poco la masa con esta espátula de madera...

–¿Subo un poco el fuego?

–Sí, pero no mucho. Y ya le puedes dar la vuelta. Esperas unos minutos y ya estará.

–Es super fácil, ¿no?

–Sí, no es nada difícil. Oye, mientras acabas, voy a llamar a un compañero de clase un momento.

Victoria deja solo al fantástico cocinero. Unos minutos después la casa huele a quemado. Victoria cuelga el teléfono y va a la cocina. Todo está lleno de humo. La tortilla es una masa negra, completamente quemada. Kosei no está en la cocina.

–¿Kosei? ¡Kosei! ¿Dónde estás?

–Aquí. Es que he ido un momento al lavabo... Anda, ¿qué ha pasado?

–Pues que se ha quemado tu magnífica tortilla.

–¿Y ahora qué?

–Tienes dos posibilidades: hacer otra o invitarnos a todos a una pizza.

–Creo que prefiero invitaros a un sushi. Ahora mismo llamo a "Sushi Ya".

–Me parece una idea perfecta.

Comen muy bien y, después de comer, todos se ponen a trabajar. Nelson tiene que terminar un trabajo para la facultad, Victoria tiene que estudiar para un examen y Grit tiene que ir corriendo a un laboratorio de fotografía porque tiene que revelar unas fotos que ha hecho esta mañana. Kosei decide probar el placer de dormir la siesta.

A las siete de la tarde suena el teléfono, que despierta a Kosei. "Cómo he dormido. Me parece que la siesta en España es mucho más corta", piensa.

–¿Diga?

–¿Victoria Lasheras?

–Sí, un momento. Victoria, te llaman por teléfono.

–¿Diga?

–¿Es usted Victoria Lasheras?

–Sí, soy yo.

–Mire, la llamamos del Hospital de San Pablo. Una chica, Grit Weissemberg, está ingresada en el hospital.

–Dios mío. ¿Qué le ha pasado?

–Ha tenido un accidente. Pero no es nada grave. Solo tiene algunos golpes, pero tiene que quedarse aquí hasta mañana.

–Ahora mismo voy. ¿En qué habitación está?

–De momento está en Urgencias.

–Gracias por avisarme.

Victoria está muy preocupada. Coge su chaqueta, el móvil y el bolso y habla con Nelson y Kosei.

–¿Te acompañamos? –le pregunta Nelson.

– No, esperad aquí. Os llamo enseguida.

Victoria va en moto y llega enseguida al hospital. Va a Urgencias pero le dicen que Grit ya está en una habitación. La 324. Cuando Victoria entra en la habitación, encuentra a Grit en la cama con una pierna vendada y golpes en la cara. Está despierta.

–Hola, Grit. ¿Cómo te encuentras?

–Me duele todo, Victoria, absolutamente todo.

–¿Te has roto algo?

–No, por suerte, no. Solo son golpes. Pero tengo que estar aquí porque me he desmayado.

–Pero, a ver, cuéntame qué te ha pasado...

–Pues, al salir del laboratorio, he cogido un autobús, de repente, el autobús ha frenado bruscamente y me he caído. Me he dado un golpe en la cara y, por eso, me he desmayado.

–Madre mía. ¿Y te has recuperado enseguida?

–Sí, ha sido solo un momento. Luego, cuando me he levantado, me dolía mucho la pierna y el brazo y unos señores han cogido un taxi y me han traído hasta aquí.

–Bueno, tranquila. ¿Te duele la cabeza?

–No, ahora no. Me han dado unas pastillas.

–A ver, mueve un poco la pierna...

–Uff, cómo me duele.

–¿Pero la puedes mover?

–Sí, sí.

–Bueno, tranquila, intenta dormir un poco. Voy a hablar con el médico.

–Es una chica. Se llama García. Doctora García Montes.

–Vale, voy a buscarla.

Al día siguiente, Nelson y Victoria van a buscar a Grit al hospital para llevarla a casa.

–¡Qué hambre tengo! –dice Grit en el taxi.

–Pues tenemos una mala noticia para ti.

–¿Sí?

–Sí. Kosei está preparando una tortilla de patatas en tu honor.

–¿Por qué no paramos y compramos comida preparada?

Unidad 13

Übungen

1. Begleitumstände eines Ereignisses angeben: Imperfekt
2. Zwei Geschichten in die richtige Reihenfolge bringen
3. Den Bericht eines Außerirdischen entschlüsseln
4. Auf persönliche Fragen antworten. Perfekt / Indefinido / Imperfekt
5. Die Funktion bestimmter Ausdrücke erschließen
6. Eine Anekdote erzählen
7. Auf verschiedene Aussagen reagieren: Erstaunen, Interesse, Kummer oder Freude äußern
8. Eine Geschichte in die richtige Reihenfolge bringen

LEKTÜRE

En Barcelona sin Mónica: *Un largo puente*

Unidad 13 Ejercicios

1 Recuerda que el Pretérito Imperfecto sirve muchas veces para referirnos a las circunstancias que rodean un hecho. Completa estas frases con Imperfectos.

- ¿Sabes? El otro día Carlos tuvo un accidente con el coche.

1

- Él (*estar*) ________ muy cansado.
- (*Salir*) ________ de una discoteca.
- (*Haber*) ________ mucho tráfico en la carretera.
- El coche (*ser*) ________ muy viejo.
- (*Llover*) ________ mucho.

- ¿Sabes? Ana y Luis ya no salen juntos.

2

- No (*llevarse*) ________ nada bien.
- (*Estar*) ________ siempre discutiendo.
- (*Tener*) ________ gustos e ideas muy distintos.
- Los amigos de Ana no (*soportar*) ________ a Luis.

- Marta, ¿sabías que Luis ha cambiado de carrera?

3

- Medicina (*ser*) ________ una carrera muy difícil.
- Los estudios no le (*ir*) ________ muy bien.
- La universidad (*estar*) ________ muy lejos de casa.
- Casi no (*ver*) ________ a sus amigos porque (*estudiar*) ________ todo el día.
- (*Tener*) ________ muchas ganas de estudiar Bellas Artes.
- (*Hacer*) ________ mucho tiempo que no (*pintar*) ________ nada; ahora está muy contento con el cambio.

- ¿Mi hermano? Se ha ido a Egipto.

4

- Le (*interesar*) ________ mucho la arqueología.
- Aquí no (*encontrar*) ________ trabajo.
- Le (*apetecer*) ________ estudiar árabe.
- (*Tener*) ________ un buen amigo que (*vivir*) ________ en Alejandría.

- Ganó el Inter: Inter 3, Real Madrid, 1.

5

- El equipo italiano (*tener*) ________ mejores jugadores esta temporada.
- El Inter (*jugar*) ________ en casa.
- Los madrileños (*estar*) ________ muy nerviosos.
- Raúl, el mejor jugador del Real, (*estar*) ________ lesionado.

2 Ordena estas dos historias que les han sucedido a Roberto y a Marisa en un aeropuerto. Después elige una de ellas y cuéntasela a un compañero como si te hubiese pasado a ti. Tu compañero debe reaccionar manifestando interés, expresando sorpresa, etc.

- ¿Sabes qué me pasó ayer?
- ¿Qué?
- Pues que perdí mi maleta en el aeropuerto.
- ¡No me digas!

Roberto

- ❐ La azafata me dijo que ya no podía embarcar.
- ❐ En la gasolinera encontré otro taxi.
- ❐ El otro día perdí un avión por primera vez en mi vida.
- ❐ Había mucho tráfico de camino al aeropuerto.
- ❐ El despertador no sonó y me desperté una hora tarde.
- ❐ Estaba demasiado cansado y no tenía fuerzas para discutir con ella.
- ❐ Llegué al mostrador de facturación 10 minutos antes de la hora de partida.
- ❐ Tuve que esperar seis horas hasta el próximo vuelo.
- ❐ El taxi tuvo una avería y paramos en una gasolinera.
- ❐ Faltaban 50 minutos para que saliese el avión y todavía estaba a 5 kms. del aeropuerto.

Marisa

- ❐ Dejé la maleta en el suelo, a mi lado.
- ❐ Yo estaba en la sala de embarque.
- ❐ Estaba leyendo un libro y no me dí cuenta.
- ❐ Un señor se sentó a mi lado.
- ❐ Era una maleta verde preciosa que me regaló Ángel por mi cumpleaños.
- ❐ Una azafata lo vio, pero no dijo nada.
- ❐ Cogió mi maleta y se fue tranquilamente.
- ❐ Había solo tres o cuatro personas cerca.
- ❐ Ayer perdí mi maleta en el aeropuerto.
- ❐ No creo que pueda recuperarla.

3 Aliénez visita España y ve a algunos españoles haciendo una serie de cosas. Pero, como conoce poco nuestra cultura, no entiende qué hacen. Aquí tienes algunos fragmentos de las transmisiones que manda a su planeta. ¿Qué crees que era lo que vio Aliénez? Coméntalo con tu compañero.

1 En el centro (un rectángulo verde con líneas blancas) había veintidós humanos, todos muy fuertes. Once llevaban ropa blanca (camiseta y pantalones cortos) y once, ropa azul. Todos corrían detrás de una pelota. También había un humano vestido de negro. Alrededor estaban 50 000 humanos mirando. Al humano vestido de negro nadie lo quería y los 50 000 humanos que miraban le gritaban cosas horribles. Tocaba un pequeño instrumento musical, muy mal, por cierto. Por eso, probablemente los humanos se enfadaban con él. De vez en cuando, un humano vestido de azul metía la esfera en una puerta sin salida. Entonces, unos 20 000 humanos se ponían muy contentos y los otros se enfadaban mucho. Mi hipótesis era correcta: los humanos son los seres más raros de la Galaxia. Sigo observando. FIN DE LA TRANSMISIÓN.

2 Los jóvenes humanos de la tribu llamada "España" entran muchas veces, de noche especialmente, en unos lugares muy oscuros. Ayer entré yo en uno, vestido de humano: la música era muy fuerte y la mayoría de los jóvenes humanos se ponían nerviosos y movían los brazos y las piernas. Algunos también movían la cabeza. Algunos no se ponían tan nerviosos y se quedaban de pie con un vaso en la mano, al lado de una mesa muy larga y alta que ellos llaman "barra". Pero no tenían mucha sed porque bebían despacio y miraban a todas partes, especialmente a los jóvenes humanos del otro sexo. De vez en cuando, un joven intentaba hablar con otro, pero no podía porque el otro no oía nada. Yo me fui a mi nave pronto porque me dolían las antenas. FIN DE LA TRANSMISIÓN.

3 Ayer vi algo muy raro. Miles y miles de humanos estaban tumbados en un lugar cerca del mar. Era un lugar horrible, lleno de arena y en el que hacía mucho calor. Casi no había sitio. Todos llevaban muy poca ropa. Los humanos se ponían una crema por todo el cuerpo. Creo que era un medicamento porque algunos estaban muy rojos. Sin embargo, los humanos parecían contentos. De vez en cuando, uno se levantaba y se tiraba al agua. Me parece que muchos de estos humanos no eran de la tribu llamada "España". Oí que los humanos de la tribu España llamaban a los otros humanos "turistas". FIN DE LA TRANSMISIÓN.

- Lo que vio fue un partido de fútbol. El humano que estaba vestido de negro era...

Imagina, ahora, que Aliénez visita algún lugar de encuentro típico en tu país. ¿Cómo crees que sería su informe? Escríbelo.

4 Contesta a estas preguntas desde tu propia realidad. Escribe las respuestas en la libreta.

1. ¿Por qué decidiste estudiar español?
2. ¿Dónde y cómo conociste a tu mejor amigo?
3. ¿Cuál es tu afición preferida? ¿Cómo empezaste a practicarla?
4. ¿Qué no pudiste hacer la semana pasada? ¿Algo que tenías ganas de hacer?
5. ¿Qué hiciste anoche? ¿Por qué?
6. ¿Lo pasaste bien en las últimas vacaciones? ¿Por qué?
7. ¿Aprendiste muchas cosas en la última clase de español? ¿Por qué?
8. ¿Has comprado algo hoy? ¿Por qué?
9. ¿Viste la tele anoche? ¿Por qué?
10. ¿Dormiste bien anoche? ¿Por qué?

5 Lee este diálogo. Fíjate en las expresiones que están en negrita. Son recursos que se utilizan normalmente en una conversación. Luego, trata de determinar exactamente para qué sirven, es decir, qué actitud e intención del hablante expresan (expresar sorpresa o interés, o compartir pena o alegría). Después, entre todos, discutid vuestras observaciones.

- ¿Qué tal ayer?
- ○ ¿Ayer?
- Sí, anoche, en casa de Rodrigo...
- ○ Bien, bien... Pero yo estaba tan cansado...
- **¿Sí?**
- ○ Es que el miércoles por la noche tuvimos una avería, ¿sabes?
- **¡No me digas!**
- ○ Sí, en Guadalajara, cuando llegábamos de Zaragoza.
- **¿Qué pasó?**
- ○ Pues nada, que se rompió no sé qué del motor... Eran las dos de la madrugada, llovía, y no se paraba nadie...
- **¡Vaya! ¡Qué mala suerte!**
- ○ Sí, fatal. Además, cuando estábamos allí parados, Rosa se cayó y se hizo daño en una pierna.
- **¡Anda!** ¿Y se hizo daño?
- ○ No, no mucho.
- **¿Y entonces?**
- ○ Un camión se paró y nos ayudó. A mí me acompañó a un taller y llevó a Rosa al hospital.
- Pues suerte que se paró alguien...
- ○ Sí, fue una suerte. Era un hombre muy amable.
- Bueno, **¿y qué pasó al final?**
- ○ Nada, que tuvimos que mandar el coche a Madrid en una grúa.
- ¿Y Rosa?
- ○ La fui a buscar al hospital y volvimos a Madrid en tren.
- **¡Qué viaje!**
- ○ Pues sí. Y claro, llegamos cansadísimos, a las cinco de la mañana.

6 En parejas, cuéntale a tu compañero alguna anécdota o situación en la que hayas sentido miedo, vergüenza, ridículo, felicidad, etc.

miedo **ridículo** **vergüenza** **felicidad** **cansancio** **tristeza** **gratitud**

7 ¿Cómo reaccionas si alguien te dice lo siguiente?

1 • ¿Sabes? Esta mañana me he encontrado en un parque un billete de 50 euros.
○ ____________________

2 • Ayer llegó mi compañero de piso con veinte personas a cenar.
○ ____________________

3 • Pone en el periódico que bajarán los impuestos.
○ ____________________

4 • Hacía muy mal tiempo, no había nadie, yo no me encontraba muy bien...
○ ____________________

5 • Queríamos ir a esquiar a Bariloche pero mi novio se puso enfermo.
○ ____________________

6 • Yo estaba muy enfadado, ella también... Casi no nos hablábamos...
○ ____________________

7 • Juan se rompió un brazo el fin de semana pasado yendo en bicicleta.
○ ____________________

8 • Se ha estropeado la nevera. ¡Y me han dicho que no se puede arreglar!
○ ____________________

9 • ¡He aprobado el examen de química!
○ ____________________

10 • He conocido a una chica estupenda. Es... maravillosa.
○ ____________________

8 Vuelve a leer el diario de Mario Cruz de la página 173 del *Libro del alumno*. Si ordenas estas notas, conocerás la verdadera historia de su hermana Claudia. ¿Habías imaginado algo similar?

Decidió contárselo sólo a su novio Gabriel, a quien quería con locura.

Al cabo de diez años, Claudia se puso enferma.

No dijo nada a su familia y sabía que su hermano Mario necesitaba dinero.

Claudia y su novio se fueron a vivir a la India.

Todos llegaron a la conclusión de que necesitaba un transplante de algún familiar directo.

La examinaron los mejores médicos del mundo.

El 5 de enero de 1985 a Claudia le tocaron 25 millones de pesetas en la lotería.

Claudia regresó a Madrid para pedir a su hermano que la ayudase.

Ahora, imagina por un momento que eres Mario Cruz. ¿Vas a ayudar a tu hermana Claudia?

13 Un largo puente

Este año el 1 de mayo es martes y la mayoría de los españoles tienen puente, cuatro días de vacaciones desde el viernes por la noche.

Grit todavía no está bien y ha decidido no salir de casa, descansar y leer un poco. También ha alquilado un montón de películas en vídeo para verlas estos días. Victoria tiene que estudiar y también se queda en casa. Pero Nelson y Kosei han decidido ir a pasar el puente a San Sebastián, a casa de Patxi, un amigo vasco que tiene Nelson.

El día 1 de mayo por la noche, a la hora de cenar, llegan de San Sebastián.

–Hola, chicas, ¿cómo estáis? ¿Te encuentras mejor, Grit?

–Sí, bastante mejor. Hoy he ido a dar una vuelta por las Ramblas y casi no me ha dolido la pierna.

–¡Qué bien! ¿Y tú, Victoria?

–Estoy harta. Me he pasado todo el puente estudiando, no he salido y tengo que seguir estudiando... Esto de los exámenes es horrible.

–Sí, es espantoso.

–Bueno, ¿y vosotros qué tal?

–Genial. Ha sido un viaje estupendo –les dice Kosei.

–Lo hemos pasado, muy, muy bien.

–Bueno, contádnoslo todo.

–¿Todo, todo?

–Pues claro.

–Bueno, el viernes, al final, cogimos el avión tardísimo porque casi todos los vuelos estaban retrasados.

–Vaya.

–Y llegamos a San Sebastián a medianoche, y en el aeropuerto nos estaba esperando Patxi.

–Y nos fuimos de juerga –dice Kosei–. Nos llevaron a comer pinchos por el centro de San Sebastián: un pincho en cada bar...

–¿Y qué hicisteis el sábado?

–Bueno, nos levantamos tardísimo y fuimos a Hernani a ver el Museo de Chillida.

–Es maravilloso. A mí me encantó –les dice Kosei–. Hice muchas fotos de sus esculturas.

–Y, luego, fuimos a ver algunos pueblecitos de la costa. Comimos en Guetaria...

–¡Qué bien comimos!

–Es que –comenta Victoria– en el País Vasco se come muy, muy bien...

–Y por la tarde volvimos a Donosti y fuimos a dar un paseo al lado del mar...

–¿No llovía? –les pregunta Victoria.

–Ese día no, por suerte. Y paseamos por toda "La Concha" hasta el final hasta la escultura de Chillida, ahora no me acuerdo de cómo se llama...

–"El peine de los vientos" –dice Victoria.

–Eso. Y, luego, Patxi nos llevó a tomar pinchos otra vez con un grupo de amigos y después fuimos a un concierto de Alejandro Sanz en el Kursaal.

–Ah, es verdad, que había un concierto de Alejandro Sanz –comenta Grit–. ¿Y qué tal? ¿Os gustó?

–A mí no mucho –les dice Kosei–. Pero había un ambiente increíble.

–Bueno, y, además, estaba lleno de chicas y Kosei estaba encantado –les explica Nelson.

–Sí, yo estaba encantado, pero Nelson era el rey de la fiesta... Bailó con muchísimas chicas y les dio a todas su e-mail y el número del móvil...

–Dios mío. Vas a estar todo el día hablando por teléfono –le comenta Victoria, riéndose.

–¿Y tú, Kosei? ¿No ligaste?–pregunta Grit.

–Bueno, hablé con tres o cuatro chicas, pero no les di mi teléfono.

–¡Qué pena!

–Pues sí, porque una era guapísima.

–¿Y a qué hora os fuisteis a dormir?

–Nelson no sé... porque se quedó paseando con una chica...

–Anda, Nelson...

–Y yo me acosté a las cinco de la mañana – continúa Kosei.

–¿Y tú, Nelson?

–Solo voy a contestar en presencia de mi abogado...

Todos se ríen.

–El domingo nos fuimos a Bilbao a ver el Guggenheim. ¡Qué pasada! Nos quedamos impresionados con el edificio –les explica Nelson.

–Imaginaos si le gustó el edificio a Nelson que estuvo más de cuatro horas mirándolo, haciendo fotos, entrando y saliendo...

–O sea que estuvo casi tantas horas con el Guggenheim como con la chica del sábado...

–Es que la chica también vino a Bilbao –les dice Nelson.

–¿De veras? O sea, que esta relación va en serio –le dice Grit.

–No corras tanto –le contesta Nelson–. Amaya me gusta, me gusta muchísimo, pero nada más.

–De momento –dice Kosei–. Bueno, total que, después, dimos una vuelta por el casco antiguo de Bilbao y volvimos a San Sebastián. Y esa noche, chicas, yo me fui solo con Patxi y Nelson se quedó con Amaya.

–Uhauuuuu.

–Y el lunes –continúa Kosei– hicimos una vida muy tranquila. Fuimos a hacer la compra a un mercado, comimos en casa de Patxi...

–Un arroz con almejas buenísimo.

–Y, por la tarde, fuimos de compras.

–¿Y os comprasteis algo?

–Sí, un paraguas y un impermeable porque llovía y llovía...

–Llovió todo el día. Bueno, solo paró un ratito al mediodía.

–¿Y no comprasteis nada más?

–No. Pero por la noche Patxi nos invitó a cenar al Arzak.

–¿Qué? –dice Victoria– Pero si es carísimo.

–Es que un primo de Patxi es cocinero de allí y le hicieron un precio especial.

–¡Qué suerte tuvisteis! Comer en Arzak es un privilegio.

–Desde luego –dice Kosei –. Nunca he comido mejor en mi vida. Todo estaba buenísimo.

–Yo nunca había comido un pescado tan bueno como allí –comenta Nelson– Y los postres son espléndidos... Había una selección de quesos españoles que era una maravilla...

–Calla, por favor –le dice Victoria–. No nos contéis nada más. Me muero de envidia.

–¿Y qué tal la vuelta? –les pregunta Grit.

–Bueno, hemos salido bien, pero había muchas nubes y el avión se ha movido bastante.

–¡Qué miedo! –dice Victoria.

–A mí no me dan miedo los aviones.

–¿Tú tienes miedo a volar? –le pregunta Grit a Kosei.

–No, normalmente, no. Pero es que hoy el avión se ha movido mucho.

–No exageres –le dice Nelson.

–Total, que os lo habéis pasado genial.

–Maravilloso, de verdad. Tengo muchísimas ganas de volver –dice Nelson.

–Claro, quieres volver para comer bien, ver museos y por la lluvia, ¿verdad? –le dice, irónicamente, Grit.

–Por supuesto. Siempre he estado muy interesado por la cultura vasca –le contesta Nelson riéndose–. Y me encanta ver llover.

Unidad 14

Übungen

1. **Anredeformeln und Schlussformeln in einem Brief**
2. **Einen Brief schreiben, in dem die Sitten und Gebräuche des Landes geschildert werden**
3. Empezar a / dejar de / volver a / ya no
4. **Lesetext:** "Jóvenes". La mayor parte / una tercera parte / un porcentaje...
5. **Fragebogen: Gewohnheiten und Häufigkeitsangaben**
6. **Lesetext:** "Los jóvenes hoy en día". **Imperfekt**
7. **Indefinido / Imperfekt**
8. **Schriftlicher Ausdruck:** "¿Cómo era un día corriente cuando eras pequeño?"
9. **Gestern und heute: Imperfekt**
10. **Einen Brief schreiben, in dem das Ende einer Beziehung geschildert wird.**

LEKTÜRE

En Barcelona sin Mónica: *Vivir en otra parte*

1 Aquí tienes los principios y los finales de tres cartas y tres posibles destinatarios. Relaciona los elementos de cada columna.

Queridos Luis y Pepa:	Atentamente,	una persona a la que se conoce poco
Muy Sres. míos:	Saludos,	unos amigos
Apreciado Antonio:	Muchos besos,	una empresa

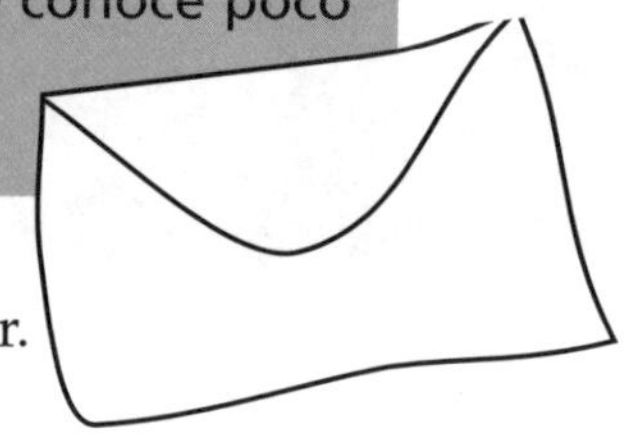

Comenta, luego, tus soluciones con el resto de la clase y con tu profesor.

2 Imagina que una amiga tuya española ha decidido pasar un año en tu país. Escríbele una pequeña carta explicándole dos o tres costumbres que pueden chocarle. Acuérdate de los recursos utilizados en el texto de la página 176 del *Libro del alumno*. También puedes usar las expresiones del cuadro.

Querida... :

nadie
una persona
alguien
algunas personas
algunos
mucha gente
muchas personas
muchos
la gente
la mayoría (de la gente)
todo el mundo

3 ¿Cómo puedes dar estas informaciones de otra manera? Para ello tienes que hacer una serie de transformaciones y usar una de estas perífrasis: **empezar a, dejar de, volver a** o **ya no**.

1. Hace unos años David iba mucho al teatro, pero ahora no va nunca.

   ____

2. Ana Orgaz y José Martínez se conocieron en 1999. Se hicieron novios unos meses después, pero en 2001 rompieron la relación.

   ____

3. Antes Margarita no tocaba el piano. Lo estudia desde 2000.

   ____

4. Raúl estudió Derecho, pero desde hace dos años trabaja en un banco.

   ____

5. Joaquín Galán fumaba muchísimo. Luego dejó de fumar y estuvo unos años sin fumar, pero desde hace unos meses fuma otra vez.

   ____

6. Primero, fuimos una semana a un curso de cocina. La semana siguiente, fuimos a uno de yoga. Quince días después nos matriculamos en uno de fotografía. Total, que ahora no hacemos nada.

   ____

4 Aquí tienes el fragmento de un texto con los resultados de una encuesta sociológica sobre los jóvenes españoles. Léelo y complétalo con: **la mayor parte, entre todos, una tercera parte, un porcentaje** y **el resto**. Después, comenta con un compañero si te sorprende algún dato.

Jóvenes

(...)El trabajo de la casa siguen haciéndolo exclusivamente las madres en un 64% de los casos. Solo en el 19% de las familias se reparten __________ las tareas de la casa. En general, los jóvenes colaboran poco. Suelen hacerse la cama y ordenan un poco su habitación. __________ de las tareas (el cuidado de los niños pequeños, la ropa, planchar, la limpieza, lavar los platos o hacer la compra) solo las realizan adultos. Y todo ello a pesar de que los jóvenes pasan __________ del tiempo libre en casa.

En sus ratos libres, los jóvenes se dedican a ver la televisión y a escuchar música, a la lectura de libros o de comics, a salir con los amigos y a hacer deporte. Durante los fines de semana suelen salir más de casa. La actividad preferida es salir con los amigos, ir de copas, ir a la discoteca, al cine y, __________ más pequeño, ir de excursión o a pasear.

En cuanto a las drogas: el 27% fuma, el 88% no bebe alcohol durante la semana, pero solo un 23% no bebe alcohol nunca y __________ de los entrevistados han probado alguna vez alguna droga. (...)

5 ¿Con qué frecuencia realizas las siguientes actividades? Completa el cuadro.

	siempre	todos los días/meses/años	los lunes/martes/miércoles	normalmente/generalmente	muchas veces	a menudo	de vez en cuando	X veces al año/mes / a la semana	a veces	alguna vez	algún día / alguna tarde	muy pocas veces	casi nunca	nunca
hacer la cama														
ordenar la habitación														
cocinar														
planchar la ropa														
hacer deporte														
escribir														
ver la televisión en los ratos libres														
escuchar música														
leer libros														
leer comics														
leer periódicos														
salir con los amigos														
ir de copas														
ir a un concierto														
ir al cine														
ir de excursión														
pasear														
fumar														
beber alcohol														
ir a un restaurante														

Compara tu cuadro con el de un compañero. ¿En qué cosas coincidís? ¿En cuáles sois totalmente opuestos?

- Aquí coincidimos. Yo también hago la cama todos los días y tampoco lavo nunca la ropa.
- ○ Sí, pero tú no lees nunca el periódico y yo, en cambio, lo leo todos los días.

6 En este artículo podrás deducir muchas cosas que pasaban antes. Escribe tus deducciones en tu libreta.

Los jóvenes hoy en día

Los jóvenes tienen el mayor nivel educativo de la historia. Tienen, también, un mayor nivel de información, tanto política, como social y cultural. Son cada vez más tolerantes, más amantes de la vida privada y son muy pragmáticos.

Los adultos dicen que los jóvenes ya no quieren cambiar el mundo, y que ahora son más perezosos, más consumistas y más conservadores tanto en las opiniones políticas como en los hábitos sexuales.

Antes, los jóvenes tenían menos estudios y estaban menos...

7 Completa estos diálogos con el Pretérito Indefinido o el Pretérito Imperfecto.

1 ● ¿Sabes? Felipe y yo (*ir*)__________ un mes de vacaciones a París.
○ ¡Qué suerte!
● Felipe (*levantarse*) __________ todos los días a las doce del mediodía. Pero yo lo (*hacer*) __________ mucho antes. Con la luz, el ruido y todo eso no (*poder*) __________ dormir.

2 ● ¿Dónde (*vivir*) __________ en 1997?
○ ¿Nosotros? En Valparaíso, en Chile. (*Estar*) __________ allí tres años.

3 ● ¿Te acuerdas cuando (*disfrazarse, tú*) __________ de brujo y le (*dar, tú*) __________ un susto a la vecina?
○ Sí. Antes (*divertirse, nosotros*) __________ con cualquier cosa.

4 ● ¿Ya no fumas?
○ No, ya no. Lo (*dejar*) __________ hace unos días. Es que (*fumar*) __________ mucho.

5 ● ¿Te han cambiado el horario de trabajo?
○ Sí. Antes (*trabajar*) __________ por la mañana y por la tarde,y, como la oficina está muy lejos de casa, (*quedarse*) __________ a comer en el trabajo. Ahora, hago jornada continua, de 8 a 15.

6 ● Mis padres, hace unos años, (*ver*) __________ mucho a sus amigos, (*ir*) __________ al cine, (*salir*) __________ de noche... (*Ser*) __________ muy activos. Pero desde que mi padre (*jubilarse*) __________ pasan mucho más tiempo en casa.

8 ¿Cómo era un día corriente cuando eras pequeño? ¿A qué jugabas, de qué hablabas con tus amigos, qué programas de televisión veías...? Escribe en tu cuaderno un pequeño texto con todos tus recuerdos de esa época.

Cuando yo era pequeño...

9 El tiempo ha producido muchos cambios. Compara con tu compañero estas ilustraciones.

Antes... **Ahora...**

La habitación de Leo

- Antes, Leo era muy desordenado: dejaba la ropa encima de la cama o por el suelo. En cambio ahora...

Juan y Luisa

Cantillana del Mar

10 Imagínate que tenías un novio o una novia, pero que hace unos días rompisteis. Escríbele un e-mail a un amigo español para explicarle todo lo que ha pasado. Aquí tienes algunas ideas que puedes usar. Ordena bien tus argumentos.

Al principio/Antes:
ser alegre y divertido
ser muy activo y salir mucho
estar interesado en muchas cosas
ir mucho al cine y leer literatura

Últimamente/Ahora:
estar siempre de mal humor
quedarse en casa incluso los fines de semana
estar solo interesado por el fútbol y la televisión
no ir nunca al cine y solo leer periódicos deportivos

Al principio/Antes:
trabajar en el campo
vivir tranquilo
ir siempre en bicicleta
leer y estudiar mucho
ser vegetariano
no fumar

Últimamente/Ahora:
trabajar en la ciudad
vivir con estrés
ir en coche
no tener ganas de hacer nada
comer mal
fumar

Al principio/Antes:
ser muy romántico
tener ideas muy progresistas
ser muy inteligente e interesante
hacer mucho deporte

Últimamente/Ahora:
ser muy machista
tener opiniones conservadoras
hablar todo el día de tonterías
pasarse el día durmiendo

Al principio era muy alegre y divertido, pero últimamente estaba siempre de mal humor.

14 Vivir en otra parte

Un sábado por la mañana Kosei recibe una llamada telefónica:

–Hola, Kosei. Soy Inés. ¿Sabes? Mi novio llegó hace unos días a Barcelona.

–Ah, qué bien. Me alegro mucho.

–¿Por qué no nos vemos esta tarde?

–Estupendo. ¿A qué hora quedamos?

–¿Qué te parece a las 8 en el Zurich?

–Perfecto.

Por suerte, hoy no cocina Kosei. Los sábados cocina Victoria y en casa todos han comido muy bien: gazpacho y cordero.

Grit está mejor, pero todavía le duele la pierna y no puede andar mucho. Nelson está preparando un examen de Arquitectura y Victoria sigue estudiando. Kosei es el único que no tiene nada que hacer. A las siete se ducha y se viste para ir a ver a Inés y a su novio.

–¿Sales esta noche? –le pregunta Nelson.

–Sí, he quedado con Inés porque su novio ha llegado de Japón.

–¿Puedo ir con vosotros? Es que estoy cansado de estudiar y me apetece dar una vuelta.

–Claro, ningún problema.

–Oye, Nelson –le dice Victoria–, antes de irte acuérdate de poner la lavadora. Hoy te toca a ti.

Nelson pone la ropa sucia de todos, echa jabón y la pone en marcha. Después se viste para salir.

En la Plaza Cataluña hay muchísima gente. Hace calor, el día es más largo y parece que todos los barceloneses están allí. En una mesa de la terraza del Zurich están Inés y su novio.

–Hola, ¿qué tal?

–Mira, os presento a Kan.

–Encantado.

–Hola, ¿qué tal?

Kosei y Kan empiezan a hablar en japonés. Inés, después del intercambio con Kosei lo entiende un poco más, pero no mucho. Y Nelson no entiende nada: solo ve que los japoneses mueven la cabeza continuamente.

–Bueno, Kan –le dice Inés–, hoy tienes que hablar en español porque Nelson no entiende ni una palabra de japonés.

–Bueno –dice Nelson– solo sé dos palabras: *sayonara* y *arigato*. Adios y gracias, ¿no?

Se ríen y Kan hace esfuerzos por hablar en español.

Van a cenar al Maremagnum, frente al mar. En la cena hablan de su vida en Barcelona.

–Cuando llegué –les explica Nelson– pensaba que la vida en España era más parecida a la vida en Brasil... Pero no lo es tanto. Al principio tenía un lío horroroso con los horarios, pensaba que aquí estaba todo abierto hasta muy tarde y siempre encontraba las tiendas cerradas porque iba a comprar a cualquier hora... A veces iba a comprar alguna cosa al mediodía y las tiendas también estaban cerrada... Porque es que aquí algunas tiendas cierran al mediodía...

–Para mí –les dice Kosei– los horarios también fueron un lío... Iba a comprar los domingos y todo estaba cerrado o quería comprar comida por la noche y no encontraba ningún sitio abierto...

–¿Aquí no hay tiendas de comida abiertas por la noche? –le pregunta Kan.

–Muy pocas, todavía.

–¡Qué curioso!

–Y también me costó mucho adaptarme al horario de las comidas: me levantaba y desayunaba mucho, como en Japón, pero enseguida tenía que comer y comía mucho, como en España, y a las seis de la tarde necesitaba cenar, pero aún faltaban cuatro o cinco horas para la cena... Ahora ya estoy acostumbrado: me levanto más tarde, desayuno poco, como bastante y ceno menos que en Japón.

–Pero a mí lo que me encantó –comenta Nelson– es no tener que ir en coche a todas partes. Yo, en São Paulo, siempre iba en coche. En Brasil, en las grandes ciudades, necesitas el coche para todo. Pero aquí descubrí que podía ir en metro, o en autobús, o a pie...

–¿Y tuvisteis problemas con la comida? –les pregunta Inés.

–Yo, con la comida, no –explica Nelson– Pero sí me costaba pedir la comida en los restaurantes: yo pedía solo un plato y los camareros me preguntaban siempre qué quería de segundo.

–A mí me pasó lo mismo. Cuando tenía que pedir un menú no entendía nada... –comenta Kosei.

Y siguen un rato más explicándose los problemas y los descubrimientos de vivir en otra parte.

–Bueno, ¿adónde vamos? –les pregunta Inés.

–¿Por qué no vamos a un karaoke? –les propone Kan.

–¿A un karaoke? ¡Qué horror! –le dice Inés.

–¿No hay karaokes aquí, en España? –les pregunta, muy sorprendido, Kan.

–Sí, pero muy pocos. Lo normal es ir a un bar de copas o a una discoteca.

–Pues vamos a una discoteca.

–Eso, que tengo muchas ganas de bailar –les dice Nelson.

Nelson y Kosei llegan bastante tarde a casa y encuentran tres sorpresas. La primera es una nota de Grit para Kosei:

Kosei:

Te han llamado seis o siete veces. Cuando les decía que no estabas, colgaban.
Es un poco extraño, ¿no?
Que duermas bien.

Grit

Kosei se queda un poco preocupado. La segunda, es una carta para Nelson:

Arquitextura, sa

Bailén, 28
08009 Barcelona

Distinguido Señor:

Hace unos días recibimos su petición para hacer unas prácticas en nuestra empresa. Hemos estudiado su currículum vitae y hemos decidido contratarlo durante un periodo de seis meses para realizar un proyecto en las afueras de la ciudad.
Le rogamos se presente en nuestras oficinas el próximo jueves a las 10h para hablar de los detalles de su contrato y de su trabajo.

Atentamente,
Francisco Herrero Casas
Director de Recursos Humanos

–Kosei, mira esta carta. Es estupendo. Tengo trabajo en un estudio de arquitectura. ¡Bien!

–¡Qué suerte!

La tercera sorpresa es menos agradable. Cuando Nelson saca la ropa de la lavadora, descubre que todo está de color de rosa. Todo: las camisetas, los pantalones, los calcetines, los calzoncillos, las camisas... Nelson está preocupadísimo.

–Kosei, ¿te gusta el color rosa?

–No, me parece horrible.

–Pues ahora tienes toda tu ropa de ese color.

–Oh, no, ¿qué ha pasado?

–Me parece que he puesto la lavadora con el agua caliente y mira...

–Oh, cielos. Toda mi ropa nueva...

Unidad 15

Übungen

1. **Das Futur. Vermutungen äußern**
2. **Das Futur. Regelmäßige und unregelmäßige Verben**
3. Auf bestimmte Situationen reagieren. Das Futur / Das Futur II
4. **Hypothesen zu verschiedenen Themen äußern**
5. **Ein Gespräch in einem Reisebüro spielen**
6. Cuando + **Subjuntivo**
7. **Eine E-Mail schreiben.**
8. **Lesetext:** "2101. Odisea en el planeta Tierra". **Über die Zukunft der Welt spekulieren**

LEKTÜRE

En Barcelona sin Mónica: *¿Quién será?*

1 Vamos a escuchar otra vez la audición de la página 188 del *Libro del alumno*. ¿Puedes completar las transcripciones?

- A lo mejor se ha mareado alguien y se ha caído al suelo.
- ○ O _______ es alguien famoso. No sé, un actor o un cantante...

- No veo ambulancias, ni policía... ____________ no es nada grave.
- ○ Ojalá.

- __________ ____ es un accidente de moto. Es que los jóvenes van como locos...
- ○ No, mujer, no _______ nada importante. Ya verás. La gente parece tranquila.

- Quizá ________ rodando una película o un programa de televisión.
- ○ Sí, _____ _____.

- ¿Qué ________ _________?
- ○ ________ _________ un accidente de tráfico o algo así.

- ¿Y no ______ un atraco?
- ○ Sí, puede ser, porque por aquí hay muchos bancos.

- ¿Qué ________ haciendo toda esa gente?
- ○ No sé. Voy a ver.

2 Observa estos verbos, su raíz y sus terminaciones, y escribe debajo su Infinitivo correspondiente.

querré	saldrán	hablará	pondrás	podréis	dirán

llamaré	vendréis	seremos	estarás	iremos	hará

Ahora, completa este texto que habla sobre la formación del Futuro de Indicativo.

Las terminaciones del Futuro se añaden al Infinitivo del verbo y son ___________ para las tres conjugaciones: **-é, -ás,** ____, ______, ______, **-án.**

Algunos verbos tienen, para el Futuro, una raíz ______________, pero mantienen las mismas ___________________.

3 Si te encuentras en estas circunstancias, ¿qué tipo de pregunta o comentario harías? Utiliza para ello el Futuro o el Futuro Perfecto.

1. Alejandro, un amigo tuyo siempre está en su casa después de comer, pero hoy no está.

   ¿Adónde habrá ido Alejandro?

2. Has quedado con una amiga en la biblioteca. Hace más de media hora que estás esperándola, pero no llega.

   ____

3. Quieres entrar en tu casa, pero no encuentras las llaves ni en los bolsillos de los pantalones, ni en los del abrigo, ni en el bolso.

   ____

4. Dos amigos tuyos que llevaban mucho tiempo saliendo juntos han roto y tú no sabes por qué.

   ____

5. Estás escribiendo en el ordenador, aprietas un botón y, de repente, desaparece el texto y no te explicas por qué.

   ____

6. Hace más de tres horas que intentas hablar por teléfono con la empresa Guem, S.A., pero siempre está comunicando.

   ____

7. Te has comprado unos pantalones y unos guantes muy bonitos. Cuando llegas a casa, ves que en la bolsa hay otras cosas.

   ____

8. Acabas de conocer a un chico peruano que habla perfectamente tu lengua, sin ningún acento.

   ____

9. Es domingo, hace muy buen día y te vas a la playa, pero, al llegar, ves que no hay nadie.

   ____

10. Acabas de llegar al cine para ver una película y ves que la gente está saliendo de la sala.

    ____

11. Una amiga y tú os comprasteis hace dos meses unos libros y unos DVD en una tienda de Internet, pero todavía no los habéis recibido.

    ____

12. Son las tres de la mañana y suena el teléfono de tu casa.

    ____

4 ¿Cuáles son tus hipótesis en relación a estos temas? Escríbelo. El ejemplo te puede servir de ayuda.

El racismo

Seguramente siempre habrá gente racista, pero, como cada vez la gente viaja más, a lo mejor nos acostumbraremos a estar en contacto con personas de otras culturas y esto quizá haga desaparecer el racismo.

Internet	La política ecológica
La inmigración	**Las drogas**

5 Escucha de nuevo la audición de la página 196 del *Libro del alumno* entre una empleada de Iberia y una persona que quiere información sobre un viaje. Después, con un compañero, simulad una conversación parecida en una agencia de viajes (uno hace de empleado y el otro de cliente).

6 Contesta a estas preguntas usando **cuando** + Subjuntivo.

1 • ¿Cuándo crees que podrás tomarte unas vacaciones?
○ ______________________________

2 • ¿Cuándo piensas pasar unos días en otro país?
○ ______________________________

3 • ¿Cuándo crees que la gente podrá ir a pasar las vacaciones a Marte?
○ ______________________________

4 • ¿Cuándo crees que tendrás un hijo?
○ ______________________________

5 • ¿Cuándo te irás a vivir a otra ciudad?
○ ______________________________

6 • ¿Cuándo crees que dejarás de trabajar?
○ ______________________________

7 • ¿Cuándo habrá igualdad y justicia en el mundo?
○ ______________________________

8 • ¿Cuándo empezarás a estudiar otro idioma?
○ ______________________________

7 Un amigo chileno tiene que escribir un artículo en una revista sobre los cambios que se van a producir en algunos países. Te ha escrito un e-mail para preguntarte sobre los cambios que crees que se producirán en tu país en los próximos cinco años. ¿Por qué no le contestas?

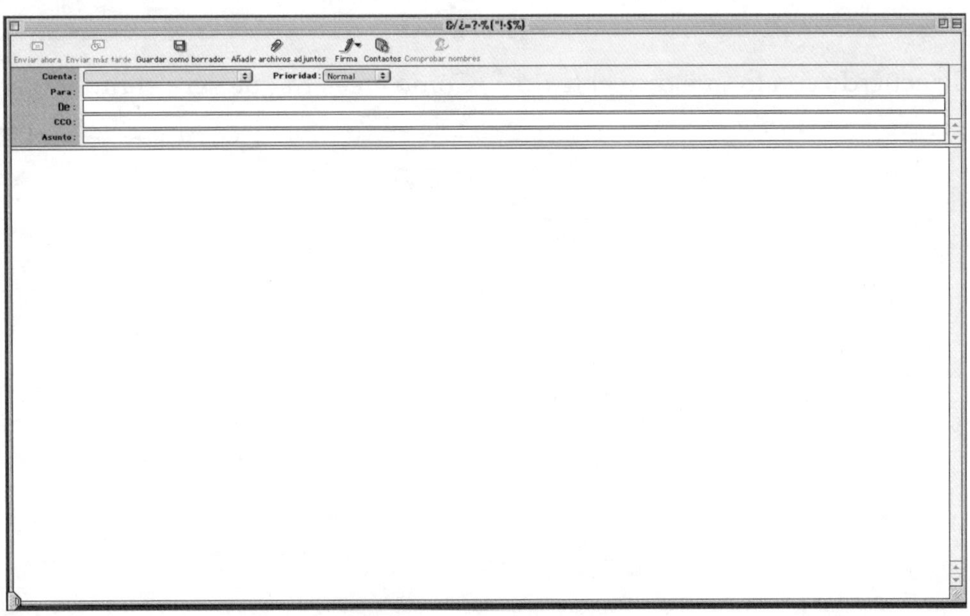

8 Lee este texto y subraya todas las expresiones que sirven para formular hipótesis.

2101
Odisea en el planeta Tierra

Nos hacemos muchas preguntas sobre el futuro: ¿qué pasará con los fundamentalismos religiosos?, ¿habrá crecido el agujero en la capa de ozono?, ¿cómo trabajará la gente?, ¿estaremos en contacto con seres de otros planetas?, ¿viviremos más años?, ¿será China la primera potencia mundial? Por ahora, todo lo que podemos hacer son hipótesis.

Probablemente, en 2101, la Tierra habrá cambiado mucho. Quizá Estados Unidos será mucho más grande que ahora. Y tal vez en Europa se hablará un solo idioma, mezcla de todos los actuales. Ahora bien, es casi seguro que algunos países africanos seguirán siendo pobres, pero quizá otros se convertirán en grandes potencias mundiales.

A lo mejor las costumbres de los seres humanos también serán muy diferentes. La alimentación será, quizá, a base de pastillas que sustituirán las comidas tradicionales. O igual, no. A lo mejor seguimos comiendo como ahora.

Seguramente el trabajo manual será totalmente sustituido por máquinas y robots. De este modo, las personas se quedarán en sus casas y se dedicarán a leer, a escuchar música, a descansar, a cuidar las plantas... O tal vez, se dedicarán a viajar por el espacio en gigantescas naves espaciales o por la Tierra mediante teletransportación.

Seguramente las calles de las ciudades estarán vacías porque no habrá coches, ni motos, ni autobuses. Sin embargo, en el espacio, quizá haya grandes problemas de tráfico.

Quizá, así, la gente tenga más tiempo libre. Quizá viva mejor. Quizá, incluso, sea feliz. Pero quizá no. El tiempo lo dirá.

¿Estás de acuerdo con lo que dice el texto ? ¿Cómo crees tú que será el mundo en 2101? Escríbelo.

15 ¿Quién será?

Al día siguiente, Kosei le pregunta a Grit por las extrañas llamadas telefónicas.

–Mira, desde que saliste con Nelson hasta que me acosté llamaron muchas veces, muchísimas veces...

–¿Era un hombre o una mujer?

–Era voz de mujer...

–¿Y no te dijo quién era?

–No, no. Preguntaba por ti, yo le decía que no estabas y colgaba.

–¡Qué raro! ¿Era española?

–Me parece que sí. Pero no estoy segura. Solo decía: "¿Está Kosei?" Pero, a lo mejor no era española, no lo sé.

–Quizás era alguna compañera de clase –comenta Kosei.

–¿No te llamó al móvil?

–Pues no lo sé porque lo llevaba apagado. Voy a mirar.

Kosei mira el móvil y descubre que tiene ocho llamadas perdidas, pero no sabe el número de la persona que llamó.

"Catorce llamadas entre las ocho y las doce de la noche... ¿Quién me habrá llamado tantas veces?", piensa Kosei.

Cuando vuelve de su clase de español, no hay nadie en el piso y Kosei se instala en el sofá para ver las noticias. Un rato después llega Nelson. Suena el teléfono.

–Kosei, es para ti.

–¿Diga?

Pero no contesta nadie. Kosei cuelga y sigue mirando las noticias.

Un rato después vuelven a llamar.

–¿Diga? –dice Kosei.

Pero no contestan. Lo mismo pasa tres o cuatro veces.

–¿Quién será? –le pregunta Kosei a Nelson.

–A lo mejor es una mujer completamente enamorada de ti porque como últimamente has conocido a muchas chicas. O igual es alguien que te quiere gastar una broma.

–No sé, no sé, es muy extraño...

A media tarde, el teléfono vuelve a sonar. Kosei está nerviosísimo antes de cogerlo.

–¿Sí?

Al otro lado se oye una persona respirando.

–¿Diga?

Nadie contesta.

–Por favor, esto no tiene ninguna gracia –le dice Kosei muy enfadado.

La persona sigue respirando. Kosei cuelga el teléfono.

Nelson sale de la ducha y se encuentra a Kosei con el teléfono en la mano y muy preocupado.

–No me digas que te han vuelto a llamar...

–Sí, otra vez.

–Pero ¿cuántas veces han llamado?

–Pues no sé, habrán llamado unas quince o dieciséis veces... Es una pesadilla.

–Espero que se termine de una vez.

–Sí, yo también lo espero. Estas llamadas me están poniendo muy nervioso.

–Oye, Kosei, ¿y no será Mónica?

–¿Mónica? No, imposible. Hace meses que desapareció de mi vida.

–Bueno, pero a lo mejor ahora quiere localizarte. Quizás, cuando llegaste, tenía problemas o le pasaba algo... No sé, igual ahora quiere verte y explicártelo todo.

–Pero Mónica no sabe que vivo aquí.

–Claro, es verdad. Bueno, pero igual ha llamado a alguien en Japón. No sé, a algún amigo o a tu familia...

–Sí, igual, sí.

–Bueno, hombre, no te preocupes, seguro que es una tontería.

–Eso espero.

A última hora de la tarde llega Grit.

–Hola, Kosei, ¿te han vuelto a llamar?

–Sí, varias veces.

–¿Y quién era?

–Pues no lo sé. Estoy un poco preocupado.

–Seguramente será una admiradora, una de tus nuevas amigas que se ha enamorado locamente de ti.

–Nelson ha dicho lo mismo.

–Es que eres irresistible.

–Sí, mi novia me abandona porque soy irresistible.

–Bueno, tú tranquilo. Seguramente se cansarán de llamar.

–Y cuando se cansen, yo estaré con un ataque de nervios.

–Tranquilízate, no es nada. ¿Te hago una tila?

Pero Kosei no está nada tranquilo. Cada vez está más seguro de que es Mónica. "¿Cómo habrá conseguido el teléfono del piso?", piensa Kosei. Y decide llamar a sus padres en Osaka. Un rato después va a la habitación de Nelson:

–He hablado con mis padres. Hace unos días los llamó una chica española. Les pidió el teléfono de casa y se lo dieron.

–¿Y quién era?

–No lo saben. Dijo que era una vieja amiga mía.

–No sé, Kosei, pero a mí me parece que es Mónica.

–Sí, supongo que sí.

–¿Y por qué no la llamas a su móvil?

–Pues porque hace meses que no contesta nadie. Y, además, ahora ya la he olvidado y no quiero saber nada más de ella...

–Pero supongo que quieres saber qué pasó.

–Bueno, depende. Hay momentos que quiero saberlo y otros no.

En ese momento suena el teléfono. Lo coge Kosei.

–Basta, Mónica, sé que eres tú. Si quieres decirme algo, dímelo. Pero basta de estas llamadas estúpidas. ¿Me oyes? ¡Basta!

–¿Kosei? ¿Eres Kosei? Soy Victoria.

–¿Victoria? Perdona. Pensaba que era otra de esas horribles llamadas...

–¿Pero aún piensas en Mónica?

–No, bueno, sí... No, en realidad, no, pero...

–Déjalo, Kosei. Ya hablaremos cuando nos veamos en casa, ¿vale? Yo llamaba para deciros que esta noche no iré a dormir. Me voy a estudiar a casa de unos amigos, ¿vale?

–Vale, de acuerdo. Nos vemos mañana.

–Y olvídate de Mónica, por favor.

–Sí, sí. Adiós. Hasta mañana.

Nelson no entiende nada:

–¿Quién era?

–Victoria.

Kosei se va a su habitación a hacer los deberes de español. Está estudiando el Futuro y el Subjuntivo y tiene un poco de lío.

Suena el teléfono. Kosei decide no cogerlo. Lo coge Grit.

–Sí, un momento, por favor. Kosei –le dice Grit– es para ti.

–¿Quién es? –le pregunta con cara de horror.

–No lo sé.

–¿Diga? –dice Kosei–. ¿Diga? ¿Diiiiiiga? ¿Mónica? ¿Eres Mónica? Vaya, han cortado. Pero quién será... Me encantaría saberlo.

–Igual es un loco o un pesado de esos que hacen bromas por teléfono.

–Pues no tiene ninguna gracia –dice Kosei muy enfadado.

Unidad 16

Übungen

1. Das Imperfekt des Subjuntivo
2. Das passende Verb auswählen. Das Imperfekt des Subjuntivo
3. Bedingungssätze in der Gegenwart
4. Sätze vervollständigen. Irreale Bedingungssätze
5. Wünsche äußern
6. Relativsätze. Das Präsens des Subjuntivo
7. Einen Vorschlag ablehnen und einen Gegenvorschlag machen
8. Satzteile einander zuordnen

LEKTÜRE

En Barcelona sin Mónica: *Una fiesta sorpresa*

1 Escribe la tercera persona plural del Indefinido y, luego, el Imperfecto de Subjuntivo que se te pide en cada caso.

Pretérito Indefinido (3ª pers. pl.)			Pretérito Imperfecto de Subjuntivo	
1. ser	fueron	➛	él	fuera o fuese
2. estar	____________	➛	nosotros	____________
3. caminar	____________	➛	ella	____________
4. tener	____________	➛	usted	____________
5. venir	____________	➛	tú	____________
6. traer	____________	➛	ustedes	____________
7. comer	____________	➛	ellos	____________
8. pedir	____________	➛	ellas	____________
9. hacer	____________	➛	él	____________
10. saber	____________	➛	yo	____________
11. poner	____________	➛	nosotros	____________
12. vivir	____________	➛	vosotros	____________
13. andar	____________	➛	yo	____________
14. querer	____________	➛	tú	____________
15. conducir	____________	➛	vosotros	____________
16. ir	____________	➛	ustedes	____________
17. oír	____________	➛	yo	____________

Ahora, completa este texto que habla de la formación del Pretérito Imperfecto de Subjuntivo.

El Imperfecto de Subjuntivo se forma a partir de la __________ persona del __________ del Pretérito Indefinido, a la que se quita la terminación ______ y se añaden las terminaciones del Imperfecto de Subjuntivo. Existen dos formas: la forma **-ra** (**-ra**, **-ras**, _____, ________, _______, **-ran**) y la forma **-se** (**-se**, ______, **-se**, __________, _________, ________). Las dos son equivalentes en casi todos los usos.

Las formas de la primera persona del plural (**estuviéramos** o ____________) llevan acento.

2 Completa estas frases con los verbos que tienes a continuación.

comer leer dormir ganar ser tener decir comprar estar ver

1. Estoy cansadísimo. Si ________ un poco más, me encontraría mucho mejor.
2. Tendrías más dinero, si no ________ tantos libros y CD por Internet.
3. Si Ana ________ de vez en cuando el periódico, no estaría tan desinformada.

4. Si ______________ más fruta y verdura, no nos resfriaríamos tanto.
5. Si Madrid ________ un poco más cerca, podríamos ir de vez en cuando a pasar el fin de semana.
6. Si mis hijos no ________ tanto la televisión, sacarían mejores notas.
7. Si ________ mucho dinero en la Bolsa, me iría a vivir a Indonesia.
8. Hombre, yo, si ________ famoso, tendría más éxito con la mujeres, ¿no?

9. Si ________ que escoger un país para ir a estudiar español, elegiría Chile.
10. No me preocuparía tanto, si me ______________ alguna vez que me quiere.

3 ¿Qué te pasa en cada uno de estos casos? Coméntalo con tu compañero.

si comes mucho
si no lees el periódico
si tienes poco dinero
si te pasas el día hablando por teléfono
si no tienes ganas de hacer nada
si fumas mucho
si estás de mal humor
si estudias poco
si no sales nunca de casa
si no escribes cartas a las personas que están lejos
si no llamas a tus amigos
si vas cada día a la playa
si ves mucho la tele

- Si estudio poco, suspendo y tendré que estudiar durante el verano.
- ○ Sí, y es horrible tener que estudiar cuando todo el mundo está de vacaciones.

4 Termina estas frases utilizando el Condicional.

1. Yo, si hablara español perfectamente, ____________________
2. Yo, si pudiera vivir sin trabajar, ____________________
3. Si fuera el Presidente de mi país, ____________________
4. Si ahora mismo sonara el teléfono y fuera ____________________
5. Si yo pudiese elegir un lugar para vivir, ____________________
6. Yo, si pudiera cambiar de sexo, ____________________
7. Si tuviese mucho dinero, ____________________
8. Si fuera una estrella del fútbol, ____________________

5 Convierte estas afirmaciones en deseos. Puedes utilizar **Me gustaría que...**, **Me encantaría que...** u **Ojalá...**

1 Habrá paz en el mundo.
Me encantaría que hubiera paz en el mundo.

2 Las mujeres tendrán, en todo el mundo, los mismos derechos que los hombres.
____

3 Se distribuirá mejor la riqueza y se terminará el hambre en el mundo.
____

4 No habrá actitudes racistas en el futuro.
____

5 Se descubrirá el origen del mundo.
____

6 Algún día la gente trabajará menos y disfrutará más de la vida.
____

7 La ciencia descubrirá vacunas para todas las enfermedades.
____

8 Los periódicos serán totalmente objetivos.
____

9 Mi país ganará el próximo Mundial de fútbol.
____

10 Las cadenas de televisión públicas solo emitirán películas de calidad y programas culturales.
____

6 Cuando piensas en tus deseos o en tus aspiraciones, seguro que sabes perfectamente lo que quieres. Explícalo en relación con estos temas.

Una persona

Necesito encontrar una persona que sepa escuchar, que me comprenda, que sea simpática y que tenga sentido del humor...

Un trabajo

Un tipo de vida

Un libro

Una ciudad para vivir

7 Tu compañero de piso te ha dejado una nota haciéndote una propuesta para esta noche. A ti no te va bien salir esta noche. Escríbele otra nota rechazando la propuesta, justificándote y proponiéndole otra fecha.

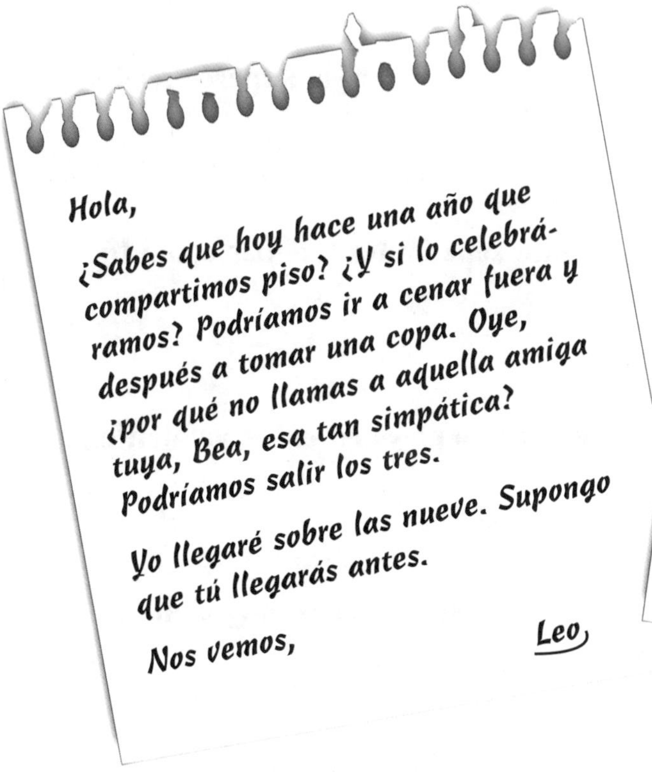

8 Relaciona las piezas de la izquierda con las de la derecha para formar frases con sentido.

A	¿Y si	pero ya he quedado.	1
B	Si tengo tiempo	haga buen tiempo mañana.	2
C	Ojalá	iría todos los fines de semana a la playa.	3
D	Me gustaría	venir pasado mañana a mi consulta?	4
E	Tengo un amigo	me tomaría un plato de caracoles.	5
F	No conozco a nadie	vamos a dar una vuelta?	6
G	Me encantaría ir	iré al supermercado.	7
H	Si tuviese coche	que sepa tantas lenguas como tú.	8
I	Ahora mismo	estar tumbado en una playa en estos momentos.	9
J	¿Le importaría	que canta boleros muy bien.	10

16 Una fiesta sorpresa

Antes de cenar, Grit llama a Kosei y a Nelson.

–¿Podéis venir un momento? Es que tengo que comentaros una cosa.

–Cuéntanos.

–El viernes es el cumpleaños de Victoria y he pensado que podríamos organizarle algo.

–Ah, sí, perfecto. ¿Y qué podemos hacer?

–No sé, pues podríamos ir los cuatro a cenar a un buen restaurante y, luego, a bailar por ahí –les propone Kosei.

–¿Los cuatro solos? Será un poco aburrido, ¿no? –comenta Nelson.

–Hombre... También podríamos irnos a pasar el fin de semana fuera. No sé, a Cadaqués o a Sitges. Así vamos un poco a la playa.

–Pero es que me parece que Victoria todavía tiene exámenes...

–¿Y si le montamos una fiesta sorpresa? –propone Grit.

–Guau, qué bien. Eso a Victoria le encantará... –dice Nelson.

–Y a ti también, ¿no?

–¿Y cómo lo organizamos? –pregunta Kosei.

–Podríamos llamar a sus amigos para invitarlos –propone Nelson.

–Sí, pero invitar nosotros a toda esa gente puede ser muy caro –dice Grit.

–¿Y por qué no les decimos que cada uno traiga algo? Unos traen comida, otros bebidas...

–Eso, buena idea.

–Y tenemos que decirles que traigan música.

–Y, en lugar de cada uno comprarle un detallito, podríamos hacerle un buen regalo entre todos –dice Kosei.

–Sí, pero ¿qué?

–¿Cuánta gente vendrá?

–No sé, depende. Pero, a lo mejor, unas veinte o veinticinco personas...

–Pues si cada uno pone unos 12 ó 15 euros, podemos conseguir unos 300 euros.

–Y con ese dinero podemos comprarle una cadena de música, por ejemplo, que en su habitación no tiene.

–¿Y si le compráramos un billete de avión? Victoria está estudiando muchísimo y este curso casi no ha salido...

–Sí, pero con 300 € no podrá viajar muy lejos...

–¿Y si buscáramos en Internet? A veces hay ofertas muy baratas para los fines de semana.

–Como a Victoria le encanta el mar, yo le compraría algún billete barato para Ibiza o Formentera y le buscaría un hotelito, que sea sencillo y que esté delante del mar... Yo creo que eso por 300 euros en una agencia de viajes o en Internet lo podríamos encontrar.

–Vale, buena idea. Se lo proponemos a sus amigos. Y si están de acuerdo, nosotros nos encargamos del billete y del hotel y se lo regalamos todo el viernes.

–Muy bien.

–¿Y si no encontráramos billetes, qué hacemos?

–No te preocupes. Seguro que encontramos algo.

Como Victoria no está, esa noche aprovechan para llamar a sus amigos. Grit y Kosei llaman desde el móvil y Nelson desde el teléfono de la casa. Durante más de una hora los teléfonos no paran de comunicar. Todos los amigos de Victoria están encantados con la idea.

–Al final, ¿cuánta gente va a venir?

–A ver... Cinco, diez... veintisiete.

–Veintisiete y nosotros cuatro... Seremos treinta y uno.

–Pues tendremos que comprar platos y vasos de plástico.

–Y cubiertos.

–Es verdad. Bueno, nosotros nos encargamos de comprar todo eso: vasos, platos y cubiertos de plástico y servilletas de papel.

–Exacto.

Cuando ya está todo organizado, Nelson dice:

–Nos hemos olvidado de la tarta.

–¡Ostras! Es verdad...

–No hay problema, chicos –les dice Grit– . La hago yo.

–¿En serio?

–Sí, a mí me encanta hacer pasteles. Lo que pasa es que no he tenido tiempo de haceros ninguno. Pero para el viernes prepararé un enorme "Marmorkuchen".

–¿Y las velas? También nos hemos olvidado de las velas.

–¿Cuántos años cumple? –le pregunta Kosei a Grit.

–Pues, chico, la verdad es que no lo sé.

–¿Y cómo podemos saberlo?

–Bueno, yo tengo el teléfono de su hermana. La voy a llamar.

Un rato después, Grit les explica:

–Cumple veintitrés años. O sea que tenemos que comprar veintitrés velas.

–¿Y cómo lo montamos para que Victoria no se entere de nada?

–A ver, Victoria los viernes llega a las siete o siete y media, ¿no?

–Sí, normalmente, sí...

–Pues uno de nosotros tendría que quedar con ella cuando salga del hospital y llevarla a algún sitio con alguna excusa. ¿Podrías ir tú, Nelson?

–Sí, pero yo soy muy malo para eso... Si fuese yo, lo descubriría todo.

–¿Y por qué no vas tú, Grit?

–Bueno, es que a mí me gustaría quedarme aquí para organizarlo todo. No me iría tranquila si os quedarais vosotros aquí solos con todo el lío...

–Bueno, pues ya iré yo. ¿Pero qué excusa me invento? –les pregunta Kosei.

–Podrías decirle que te duele algo...

–Como está todo este lío de las llamadas que no sabemos quién es, si es Mónica o no, podrías decirle que necesitas hablar con ella a solas porque estás muy preocupado, etcétera... –le dice Nelson.

–Y como a Victoria le gusta ayudar a la gente, seguro que te dice que sí.

–Vale, pues hacemos eso. Yo le digo que tengo que hablar urgentemente con ella de un tema que me preocupa mucho y, cuando nos veamos, le cuento todo el rollo de las llamadas.

–Exacto.

–Oye, seguro que sus amigos no le dirán nada, ¿verdad?

–Segurísimo. Todos saben que es un secreto.

–¿Y no habrá ninguno que llame para preguntar cuándo es la fiesta o algo así?

–No, no creo.

–Esperemos que salga todo bien.

En ese momento suena el teléfono. Kosei les dice:

–Si es para mí, decidle que no estoy.

Unidad 17

Übungen

1. Plusquamperfekt
2. Jemandem eine Nachricht hinterlassen
3. Die Anweisungen der Chefin kommentieren
4. Sich einen Gesprächsablauf vorstellen
5. Die indirekte Rede: Gegenwart und Vergangenheit
6. Den Inhalt einiger Postkarten wiedergeben
7. Die direkte Rede
8. **Indirekte Rede:** vorschlagen, berichten, kommentieren...
9. Auf informationen reagieren
10. Auf eine E-Mail antworten

LEKTÜRE

En Barcelona sin Mónica: *Fin del misterio*

1 Completa estos diálogos utilizando el Pretérito Pluscuamperfecto.

1. Por suerte, cuando empezó a llover, yo ya (*llegar*) ______________________ a casa.
2. Se acostó enseguida porque (*dormir*) ______________________ poquísimo la noche anterior.
3. Nos llamó para decirnos que (*divertirse*) ________________ mucho en la fiesta de cumpleaños.

4. Ah, no sabía que, antes de vivir aquí, (*vivir, tú*) ______________________ en Caracas.
5. ● ¿Consiguió usted la beca?
   ○ No. Cuando presenté los papeles, el plazo ya (*terminar*) ______________________.
6. Graciela me comentó que, unos meses antes, (*tener, ella*) ______________________ problemas con su casera.

7. Ayer me dijo que anteayer (*salir, él*) ______________________ con unos amigos mexicanos. ¿Sabes quiénes son?
8. El médico me preguntó qué (*comer, yo*) ______________________ ese mediodía y si (*beber*) ______________________ vino o alcohol en la comida.
9. ● ¿Y antes (*estar, ustedes*) ______________________ alguna vez aquí?
   ○ No, no (*venir*) ______________________ nunca. Es la primera vez.
10. Fuimos a la Patagonia y a Iguazú. Ah, pero antes ______________________ (*estar, nosotros*) en Buenos Aires unos días.

Ahora que ya has terminado, fíjate en cuándo se utiliza, en cada frase, el Pluscuamperfecto. ¿Las informaciones se dan por orden cronológico o no? ¿Para qué crees que sirve este tiempo?

2 Imagina que es martes por la tarde y que estás en casa de un amigo. Ha salido un momento y ha empezado a llamar gente por teléfono. Esto es lo que te ha dicho cada persona. ¿Cómo se lo cuentas a tu amigo cuando llega al cabo de una hora?

Santiago:
"El domingo voy a la piscina y tal vez querrá venir conmigo. Si quiere venir, puede llamarme o mañana por la noche o pasado mañana por la noche".

Mercedes:
"Mañana por la tarde tenemos que ir a comprar el regalo de Teresa".

Su madre:
"Pasado mañana tengo que ir a casa de mi hermana y necesito que me lleve en su coche".

Ruth:
"Quiero que me ayude a hacer una traducción de español. Si puedo, volveré a llamar esta noche. Si no, que llame él".

Ricardo (de la sastrería):
"Puede pasar a recoger los pantalones cuando quiera. Los sábados por la tarde cerramos".

Ahora imagínate la misma situación, solo que tu amigo vuelve a casa el domingo por la noche. ¿Cómo le transmites los mismos mensajes?

3 Tu jefa, que ayer estaba de muy mal humor, te pidió que hicieras algunas cosas. Imagina que hoy se lo explicas a un compañero.

"Mande este telegrama inmediatamente".

La jefa me dijo que mandara un telegrama inmediatamente.

"Abra esta carta y dígame qué pone".

____

"Vuelva a escribir esto, por favor; está muy mal redactado".

____

"Vaya inmediatamente al Departamento de Compras a llevar estos dos paquetes".

____

"No deje el ordenador encendido cuando salga del despacho".

____

"Llame al señor Ginés y dígale que lo quiero ver en mi despacho a las tres en punto".

____

4 Lucía le cuenta a una amiga suya la conversación que tuvo hace unos días con su ex novio Luis. Imagina cómo pudo ser la conversación entre Lucía y su ex novio.

1 • ¿Sabes lo que me dijo el otro día Luis? Pues que estaba trabajando en una multinacional y que ganaba mucho dinero. Yo le dije que yo también había encontrado un buen trabajo.

• ______________________________
____
○ ______________________________

2 • Le pregunté por su madre y me dijo que se había vuelto a casar y que se había ido a vivir a París. Por lo visto se ha casado con un francés.

• ______________________________
○ ______________________________
____

3 • Luis me propuso pasar el fin de semana en la casa que tiene en la montaña. Me dijo que no me preocupara porque no se lo contaría a nadie. Yo le dije que ya tenía planes para el fin de semana.

• ______________________________
____
○ ______________________________

4 • Por cierto, también me dio muchos recuerdos para ti y me dijo que te dijera que lo llamaras algún día para ir a tomar algo.

• ______________________________
____
____

5 Cuenta lo que te han dicho estas personas en cada una de las circunstancias que se señalan.

1. Tu jefa:

- Dele esto a Miguel para que lo escanee y lo mande por e-mail.

Lo cuentas unos minutos después con el sobre en la mano.
Lo cuentas unos minutos después sin el sobre en la mano.

2. Rosa, una amiga a la que has invitado a comer:

- No conocía este restaurante. Es precioso.

Lo cuentas otro día comiendo con otra persona en el mismo restaurante.
Lo cuentas otro día en tu casa.

3. Un buen amigo al despedirse de ti en tu casa:

- Vendré a verte un día de la próxima semana, ¿vale?

Lo cuentas al día siguiente en tu casa.
Lo cuentas al día siguiente en casa de otro amigo.

4. Un compañero de clase al terminar la clase de español:

- Mañana te traeré el diccionario. Es que hoy me lo he dejado en casa.

Lo cuentas un rato después en la clase.
Lo cuentas un rato después en tu casa.

5. Una amiga que te encuentras por la calle:

- Esta noche iré a casa de Susana.

Lo cuentas un rato después en tu casa.
Lo cuentas un rato después en casa de Susana.

6. Bea, una compañera de trabajo:

- ¿Tú no estabas de vacaciones?

Lo cuentas un rato después a otra compañera.
Lo cuentas una semana después a un amigo tuyo.

7. Un amigo que ve tu nuevo ordenador:

- Este portátil es una maravilla. ¿Cuánto te ha costado?

Lo cuentas un rato después con el portátil delante.
Lo cuentas por la noche en un restaurante. No llevas el portátil.

8. Una amiga de la infancia:

- Anteayer fui a cenar con un chico maravilloso.

Lo cuentas un rato después a un amigo común.
Lo cuentas varios días después a otros amigos.

9. Un amigo extranjero que está visitando un monumento de tu ciudad:

- Oh, este edificio es precioso. Nunca había visto algo así.

Lo cuentas un rato después en tu casa.
Lo cuentas un mes después, delante del edificio, a otros amigos extranjeros.

6 En grupos de tres, elegid una de estas postales, leedla con atención y explicad el contenido al resto del grupo.

1

¡Ya hemos llegado a Lisboa!

Es una ciudad preciosa. Ayer dimos un paseo junto al mar y cenamos en un restaurante muy bonito en Barrio Alto. Ahora mismo está lloviendo muchísimo, y por eso, estamos escribiendo esta postal desde una cafetería del centro. Por ahora, lo que más nos ha gustado ha sido el barrio de Belém. Mañana vamos de excursión a Estoril y a Cascais. Ya te contaremos.

Besos.
Raquel y Carlos

2

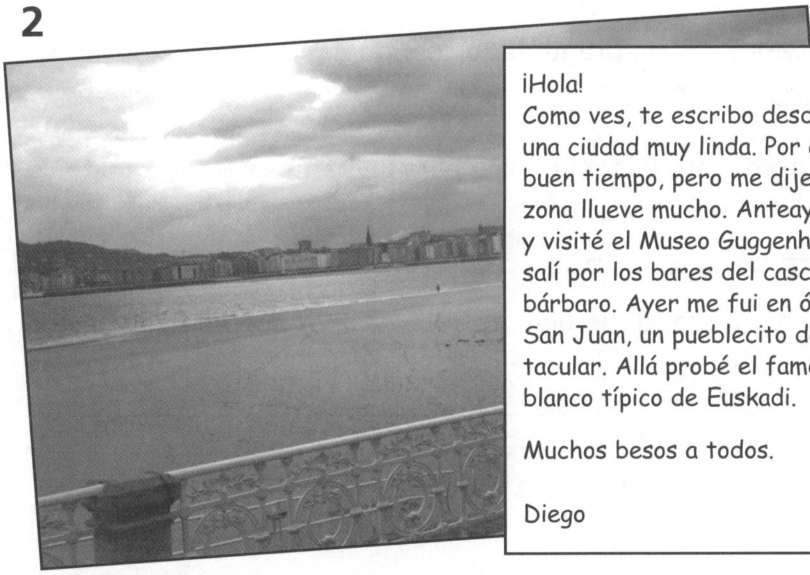

¡Hola!
Como ves, te escribo desde San Sebastián, una ciudad muy linda. Por ahora hace muy buen tiempo, pero me dijeron que en esta zona llueve mucho. Anteayer estuve en Bilbao y visité el Museo Guggenheim y por la noche salí por los bares del casco viejo. La pasé bárbaro. Ayer me fui en ómnibus a Pasajes de San Juan, un pueblecito de pescadores espectacular. Allá probé el famoso "txacolí", un vino blanco típico de Euskadi.

Muchos besos a todos.

Diego

3

¡Hola, hola, hola!

Ya estoy en Roma. Es una ciudad enorme, llena de monumentos y museos. La verdad es que es un poco caótica, pero también es muy divertida. De momento, he salido todas las noches y me lo he pasado genial. He conocido a muchos italianos: son simpatiquísimos y guapísimos. No quiero volver a casa. ¡No quiero! Por cierto, mañana a lo mejor voy a Siena. Y pasado, a ver las ruinas de la Villa Adriana.

Un besito.
Begoña

7 ¿Cuáles crees que son las palabras exactas que ha dicho cada una de estas personas? Escríbelo y, luego, discútelo con tus compañeros y con tu profesor.

1. • Carlos me ha preguntado si me encontraba mal.
   Carlos: " ¿Te encuentras mal? ".

2. • María me ha explicado que tenía un dolor de muelas horrible.
   María: "____________________".

3. • Raúl me ha preguntado si aún le daba clases de español a Elisabeth.
   Raúl: "____________________".

4. • Eva me ha dicho que trabaja en una escuela de niños sordomudos.
   Eva: "____________________".

5. • Laura me dijo ayer en la escuela que hoy vendría a casa alrededor de las nueve.
   Laura: "____________________".

6. • Me he encontrado a Juan Carlos y le he preguntado cuándo había visto a Beatriz.
   Yo: "____________________".

7. • Pepe nos ha dicho que el otro día nos había llamado para invitarnos a su fiesta de cumpleaños, pero que no estábamos.
   Pepe: "____________________".

8. • Pepa me comentó que había intentado cambiar de trabajo, pero que no había encontrado nada interesante.
   Pepa: "____________________".

9. • La señora Santos me pidió que, cuando te viera, te dijera que fueras a su despacho.
   La señora Santos: "____________________".

10. • La vecina del tercero me ha dicho que no tenía ni una pizca de sal.
    La vecina del tercero: "____________________".

11. • La portera me ha preguntado si había oído algún ruido raro anoche.
    La portera: "____________________".

12. • Marga me ha pedido la receta del gazpacho y la de los callos madrileños.
    Marga: "____________________".

13. • Alberto me confesó ayer que había dejado a su novia definitivamente.
    Alberto: "____________________".

8 Imagina que hace una hora te han dicho estas frases. Ahora quieres transmitirlas a otra persona. Utiliza en cada caso uno de los siguientes verbos.

proponer | comentar | explicar | aconsejar | pedir | contar | decir | recomendar

1. "Este equipo de música no es muy bueno; ya es un poco antiguo".
   - Me acaban de decir que este equipo de música no es muy bueno, que ya es un poco antiguo.
2. "¿Me prestas diez euros, por favor?".
   - ______________________

3. "Compre este vino, que es muchísimo mejor y más barato".
   - ______________________
4. "¿Puedes acompañarme al dentista mañana por la tarde?".
   - ______________________
5. "Necesito que me hagas un favor".
   - ______________________

6. "Carmela, la hermana de Eva, se ha casado con el hermano de su cuñada".
   - ______________________
7. "¿Por qué no venís a casa y nos tomamos una copa?".
   - ______________________
8. "El señor Rupérez ha salido del hospital; la operación ha ido muy bien y está muy animado".
   - ______________________
9. "En Madrid el clima es continental, en cambio, en Barcelona es mediterráneo".
   - ______________________
10. "Juan es un hombre estupendo: trabajador, serio, responsable, simpático y, además, guapo. Soy muy feliz".
    - ______________________

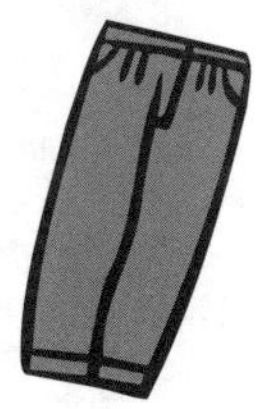

11. "No te pongas esos pantalones; están pasados de moda".
    - ______________________
12. "¿Me dejas el CD de Gilberto Gil?".
    - ______________________
13. "¿Por qué no salimos mañana por la noche?".
    - ______________________

9

Reacciona ante estas informaciones. Ten cuidado porque algunas pueden ser incorrectas.

1 • En España hay cuatro lenguas oficiales.
○ ¿De verdad? No tenía ni idea. Yo creía que en España solo se hablaba español.

2 • El Perú está al Norte de México.
○ ______________________________

3 • Jorge Luis Borges fue Premio Nobel de Literatura.
○ ______________________________

4 • La isla de Taquile está en los Andes.
○ ______________________________

5 • El Amazonas nace en la ciudad de Iquitos, en el Perú.
○ ______________________________

6 • En 1977 se celebraron en España las primeras elecciones democráticas después de la Dictadura.
○ ______________________________

10

Lee estos tres e–mails. Luego, elige el que más se aproxima a tu realidad y contéstalo.

Hola, te escribo porque nuestra querida amiga Carmen me ha dicho que te casas dentro de diez días. ¡Enhorabuena! Pero estoy muy enfadada porque no me lo has dicho personalmente. También me ha dicho que con tu novio (por cierto, ¿cómo se llama?, ¿lo conozco?, ¿quién es?) os vais a vivir varios meses al Caribe. ¡Qué suerte! ¿Te ha tocado la lotería o qué? Y también me ha comentado que ya hablas español como un nativo. Bueno, espero que me contestes rápido. Como mínimo antes de la boda.
Un beso,
Luisa

¿Cómo estás? Oye, ayer hablé con Marisa y me comentó que quieres dedicarte a la música profesionalmente. Me dijo que estás decidido y que vas a buscarte un representante y todo eso. ¿Sabes lo que te digo? Que me parece muy bien. Siempre he creído que tienes madera de estrella del rock. Ah, también me contó que ya tienes un montón de canciones grabadas y que las has enviado a varias casas discográficas. A ver si hay suerte. Oye, ¿y si quedamos un día de estos y me lo cuentas tú personalmente? Un beso muy fuerte.

Teo

¡Hola!
¿Qué tal? Mira, una revista de viajes me ha ofrecido escribir un artículo sobre Brasil y el otro día estaba hablando con Felipe y me comentó que tú has ido varias veces a Brasil de vacaciones. ¿Tienes información, libros, fotografías o vídeos sobre el país? También se lo he propuesto a Layla (porque sus padres son brasileños y ella conoce bien el país) o sea que quizá lo podríamos hacer entre los tres. ¿Qué te parece? Dime algo.
Pablo

Hola, ...

17 Fin del misterio

Mañana es la fiesta de Victoria. En el piso hay mucha actividad, sobre todo, cuando Victoria se va: llamadas a sus amigos, llamadas de sus amigos, compras de cosas, preparación de comidas. Además, Nelson ha tenido una entrevista para el trabajo en el estudio Arquitextura:

–¿Y qué tal te ha ido? –le pregunta Kosei.

–Muy, muy bien. Cuando he llegado, me han enseñado el estudio, me han presentado a la gente que trabaja ahí y, luego, he tenido una entrevista con mi jefe...

–¿Y qué tal? ¿Es simpático?

–Simpática. Es una mujer. Es una arquitecta, de unos treinta y tantos años, que ha ganado no sé cuántos premios... Es buenísima. Y, además, es muy agradable.

–Qué bien. Me alegro. ¿Y qué es el proyecto que vais a hacer?

–Bueno, me ha explicado que es una escuela y un pabellón deportivo para personas discapacitadas.

–Qué interesante...

–Sí, pero por lo visto es bastante difícil. Me ha comentado que era uno de los proyectos más complicados de su vida porque hay que pensar en las necesidades de esas personas y que, por eso, hay que hablar mucho con ellas...

–¿Y ella nunca había hecho algo así?

–No, pero está muy ilusionada.

–¿Y tú qué tienes que hacer?

–Pues todavía no lo sé exactamente. Me ha dicho que hablaremos con calma la próxima semana y me ha pedido que empiece a trabajar el lunes.

–¿Y qué horario tienes?

–Trabajaré por la tarde, de cuatro a nueve, para poder ir a la Facultad por las mañanas. Pero me ha pedido que el lunes vaya todo el día para poder hablar de todo el proyecto.

–Pues si por las mañanas estudias y por las tardes trabajas, me parece que no tendrás muchas ganas de salir de noche...

–Eso lo veremos.

De momento, el que sale esa noche es Kosei. Inés y Kan lo han invitado a ir a una cena con unos amigos de Inés. Grit y Nelson se quedan en casa para terminar los preparativos de la fiesta antes de que llegue Victoria.

Al día siguiente Kosei se levanta para ir a la escuela pero tiene mucho sueño y decide quedarse en casa. Luego, Victoria y Nelson se van a la universidad y un rato después se levanta Grit.

–¿Qué tal ayer, Kosei?

–Bien, muy bien. Pero nos acostamos tardísimo. Kan ya parece español y siempre decía que era demasiado pronto para volver a casa... ¿Y vosotros qué tal? ¿Ya está todo organizado?

–Sí, casi todo. Ahora haré el pastel y pasaré por la agencia de viajes para recoger el regalo de Victoria.

–Ah, muy bien.

–Oye, Kosei, ¿tienes un rato para hablar tranquilamente conmigo?

–Sí, claro, ¿qué pasa?

–Siéntate. Ayer llamó Mónica.

–¿Quéééééééé?

–Cuando tú te fuiste, volvieron a llamar tres o cuatro veces. Al final yo ya estaba muy enfadada. Cogí el teléfono y le pregunté si era Mónica. Y me dijo que sí.

–Madre mía. ¿Y qué te dijo?

–Al principio, nada. Solo decía que quería hablar contigo y que no quería hablar con nadie más. Yo le dije que no estabas y, cuando se lo creyó, colgó.

–¿Y eso fue todo?

–No, después volvió a llamar...

–¡Qué pesada!

–Y me preguntó si habías vuelto. Le dije que no y empezó a hablar...

–¿Pero a hablar de qué?

–Bueno, me dijo que estaba muy preocupada por ti...

–¿Por mí? Qué cara... Todos mis problemas al llegar fueron por su culpa...

–Espera, espera... Me contó que ella había estado muy enamorada de ti, que quería vivir contigo, que tenía muchas ganas de vivir contigo en Barcelona...

–Sí, ya lo he visto –Kosei está enfadadísimo.

–Pero que ella nunca te había dicho la verdad.

–¿Cómo? ¿Qué verdad?

–Kosei, no te pongas nervioso. Yo te estoy diciendo lo que me dijo Mónica... Me dijo que nunca te había dicho que estaba casada.

–¿Queeeé? ¿Mónica casada?

–Sí, Kosei, por lo visto está casada.

–A ver, a ver, a ver... No entiendo nada. Mónica, Mónica López, mi novia, bueno, mi ex novia, ¿estaba casada?

–Sí.

–Pero ella nunca me lo dijo.

–Ése es el problema. Me dijo que, cuando te conoció, ya estaba casada pero que ya tenía muchos problemas con su marido y que se enamoró de ti...

–Pero no entiendo por qué no me lo dijo.

–No sé, quizá creía que no lo entenderías... O tenía vergüenza...

–Y yo que pensaba que quería casarse conmigo –dice Kosei, cada vez más sorprendido.

–A mí me dijo eso: que tenía problemas con su marido, que quería separarse antes de que tú llegaras pero que, al final, no pudo hacerlo...

–Pero si estaba enamorada de mí, ¿por qué no se separó de su marido?

–Porque está esperando un hijo.

–Dios mío. Esto es increíble.

–Pues sí, es como un culebrón. Lo que pasa es que esta vez es verdad.

–Y, entonces, la dirección de su casa...

–Era falsa. Me dijo que no te había dado su verdadera dirección...

–No sé, no entiendo nada... ¿Y por qué no me lo dijo antes de mi viaje a Barcelona?

–Pues, por lo visto, porque hasta el último momento pensaba que podría separarse...

–¿Y por qué no vino al aeropuerto a explicármelo todo?

–Pues porque ese día se había enterado de que estaba embarazada y decidió que quería seguir con su marido, con el padre de su hijo...

–¡Qué desastre!

–Pues sí.

–¿Y te dijo algo más?

–No, solo me dio el nuevo número de móvil por si querías llamarla para hablar un día. Mira, está apuntado en este papel.

Kosei coge el papel y lo rompe sin mirar el número.

–Pero, Kosei, ¿qué haces? –le pregunta Grit.

–Basta, no quiero saber nunca nada más de Mónica López. Se acabó.

Unidad 18

Übungen

1. Der Gebrauch des Subjuntivo in substantivischen Nebensätze
2. Lo mejor es que + **Präsens des Subjuntivo.**
   Lo de + **Infinitivo** + me parece...
3. Lo + **Adjektiv** + es que...
4. **Eine Umfrage erstellen**
5. **Kettenspiel.** Sino (que)
6. **Vorlieben und Abneigungen zum Thema "Musik" äußern**
7. **Der Gebrauch des Subjuntivo. Personen und die von ihnen gemachten Aussagen verbinden**
8. **Konstruktionen und Konjunktionen, die den Subjuntivo erfordern**
9. Para / para que
10. **Ansichten einer spanischen Familie zustimmen oder ihnen widersprechen**

LEKTÜRE

En Barcelona sin Mónica: *El futuro*

1 En parejas, leed estas pancartas que se han utilizado en una serie de manifestaciones. Después, tratad de imaginar cuál es el conflicto. ¿Qué creéis que quiere cada grupo de manifestantes? Luego, terminad las frases y comentad si estáis de acuerdo o no con lo que se pide en cada caso.

NO AL SERVICIO MILITAR OBLIGATORIO

Quieren que...

¡ALCALDE DIMISIÓN ERES UN LADRÓN!

Luchan para que...

DESPIDOS NO
DISMINUCIÓN DE JORNADA SÍ

Piden que...

Salarios iguales para trabajadores iguales
Asociación de mujeres de Madrid

Piden que...

AUTOPISTA NO
PARQUE NATURAL SÍ
Asociación para la Defensa del Monte del Pardo

No quieren que...

BASTA DE BARRERAS Y ESCALERAS
LA CALLE TAMBIÉN ES NUESTRA
Asociación de Discapacitados de Valencia

Exigen que...

NO A LA SUBIDA DE PRECIOS DE LAS MATRÍCULAS DE LA UNIVERSIDAD

No aceptan que...

¡NO MÁS EDIFICIOS, MÁS JARDINES!

No quieren que...

NI CAMELLOS, NI TRAFICANTES
¡CENTROS DE REHABILITACIÓN!
Madres en contra de la droga

Exigen que...

Contra la deforestación de la AMAZONIA

Protestan para que...

- Piden que hombres y mujeres tengan el mismo salario en trabajos iguales.
- Yo estoy de acuerdo con ellos. Me parece muy injusto que todavía haya discriminaciones de este tipo.

2 Estas personas tienen una serie de problemas. ¿Qué crees que deben hacer para solucionarlos? Formúlalo usando **Lo mejor es que** + Presente de Subjuntivo.

Eduardo gasta mucho y siempre va mal de dinero.

- comprar solo lo imprenscindible
- comer siempre en casa
- no salir por las noches
- buscar un trabajo para los fines de semana

● Lo mejor es que compre solo lo imprescindible...

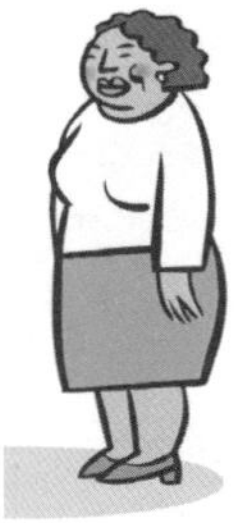

Magda tiene sobrepeso, pero no consigue adelgazar.

- no darle importancia al peso
- comprarse mucha ropa negra
- dejar de comer durante cuatro días
- comer igual y correr un par de kilómetros al día

Isabel piensa que su novio está enamorado de otra chica, pero él lo niega.

- contratar a un detective
- volver a hablar con él
- seguirle
- pedir ayuda a otra persona, a un amigo común

Rafa ha visto un OVNI, pero nadie lo cree.

- hablar con el extraterrestre y pedirle que se presente cuando estén sus amigos
- hacerle fotos
- olvidar el tema
- ir al psiquiatra

Roberto asegura que es el hermano de Brad Pitt, pero nadie lo cree.

- intentar convencer a los demás
- llamar a Rafa para ir juntos al psiquiatra
- hacerse una prueba de sangre
- vender la exclusiva a una revista

Reúnete con dos compañeros y explícales tus opiniones usando **lo de** + Infinitivo + **me parece bien / una buena idea / muy mal / una tontería...**

● Lo de ir al psicólogo me parece una tontería. No creo que le ayude mucho, la verdad.

Ahora intentad llegar a un acuerdo sobre el consejo que le daríais a cada uno. Luego, explicádselo al resto de la clase.

3 Quieres contradecir en parte a estas personas o resaltar algún aspecto de lo que han dicho. ¿Cómo lo haces? Recuerda la estructura: **lo** + adjetivo + **es que**... El ejemplo te puede servir de ayuda.

(malo – ...)

1
- ¡Qué bueno es el chocolate!
- ○ Lo malo es que engorda.

(raro – ...)

2
- Los jóvenes cada vez están más preparados.
- ○ ______________________

(extraño – ...)

3
- Actualmente se plantan muchos árboles.
- ○ ______________________

(curioso – ...)

4
- Nadie cree ya a los políticos.
- ○ ______________________

(preocupante – ...)

5
- ¡Cada día hay más publicidad en todos lados!
- ○ ______________________

(injusto – ...)

6
- El mundo está cada vez más globalizado.
- ○ ______________________

4 Trabajas en una empresa de sondeos de opinión y tienes que preparar una encuesta sobre alguno de los temas que aparecen a continuación. Después, realiza esta encuesta a algunos compañeros y comenta los resultados con el resto de la clase.

- **la vida en otros planetas**
- **los resultados de las últimas elecciones**
- **la legalización de las drogas**
- **la revolución comunicativa de Internet**
- **los toros**
- **el futuro de los libros electrónicos**
- **...**

¿Qué opinas de la existencia de vida en otros planetas?
¿Crees que algún día...?

5 Vamos a jugar a un juego en cadena. En grupos de seis, uno (A) le cuenta algo a un compañero (B). Luego, éste (B) se lo cuenta a un tercer compañero (C) y así sucesivamente hasta el último (F). Al final, F le cuenta a A lo que le habéis dicho y éste dice si la información es correcta o no.

- El ayuntamiento construirá dos polideportivos y un lago artificial en mi barrio.
- X me ha dicho que...

...

- Yo no he dicho que... sino que... Y tampoco he dicho... sino...

6 Una empresa de publicidad ha realizado una encuesta para saber los gustos musicales de los jóvenes de varios países. Éstas son las opiniones de algunos de los entrevistados. ¿Con quién estás de acuerdo? ¿Con quién no?

Ruiz & Basquiat

DINO MONTELLA (italiano, 19 años)
"La música es sentimiento y el tipo de música que mejor lo puede expresar es la ópera".

HANS SCHNEIDER (austríaco, 17 años)
"A mí me gusta mucho la música country americana. Es un estilo que nunca pasa de moda".

CLEUDENE ZAGALLO (brasileña, 18 años)
"Dicen que la música popular brasileña está un poco anticuada, pero, para mí, la bossanova es la mejor música del mundo".

ALEX MARTOS (español, 22 años)
"A muchos extranjeros les encanta el flamenco, pero yo no lo soporto. Prefiero la música disco y el dance".

SIMONE ELBS (alemana, 21 años)
"Para mí, la música es sobre todo diversión y baile. Mis grupos preferidos son Abba, Boney M y Village People".

LUDOVIC SONKO (francés, 19 años)
"El hip hop es la música de la calle. Pienso que será el estilo más representativo del siglo XXI".

ELISA RUIZ (mexicana, 17 años)
"A mí me gusta el rock, el metal y también el rap. La música tiene que ser rebelde y agresiva. El problema es que cada vez hay menos grupos así".

JUAN D'ALESSANDRO (argentino, 24 años)
"Yo pienso que la música debe ser una manera para conocer otras culturas y otras lenguas. A mí me interesa especialmente la música africana".

VICTORIA COLE (británica, 18 años)
"La música electrónica supone una revolución total, igual que el punk a finales de los años 70. Ahora cualquier persona puede sacar un disco: solo necesita un ordenador. Es fantástico".

PATRICK VAN DER WERFF (holandés, 20 años)
"El rock n' roll nunca morirá".

7 Esta noticia es muy parecida a algunas que aparecen de vez en cuando en la prensa española. Léela.

Altercados entre policías y jóvenes por el horario de cierre de los bares

Varios miles de jóvenes (2000 según el Ayuntamiento y unos 3000 según el Gobierno Civil) se enfrentaron anoche en el centro de la ciudad con la Policía Nacional. Las noches de los jueves, los bares nocturnos de la ciudad están llenos porque la mayoría de estudiantes universitarios salen a tomar algo o a bailar. Agentes de la policía visitaron anoche los bares del centro y recordaron a los propietarios el horario oficial de cierre durante la semana: las 2.30h. Desde hace años, esta norma no se cumple y bares y discotecas no cierran hasta las cinco o las seis de la madrugada.

La noche pasada, cuando los locales empezaron a cerrar, grupos de jóvenes se enfrentaron verbalmente con la policía y algunos llegaron incluso a lanzar piedras contra los escaparates. La policía cargó contra los estudiantes.

Los estudiantes aseguran que los agentes de policía les provocaron y han declarado que la mayoría de universitarios opina que a las 2.30h es demasiado pronto para que cierren los bares.

Las autoridades afirman que han recibido muchas protestas de los vecinos del centro porque no pueden dormir.

Por otra parte, el alcalde ha comentado a nuestro corresponsal que "los horarios oficiales deben respetarse". Un representante de la Asociación de Vecinos ha declarado a su vez: "El Ayuntamiento tiene que hacer algo. Si no, nosotros mismos, vamos a organizarnos".

Estas frases expresan parte de lo dicho en el texto. Intenta terminarlas.

Aunque el horario oficial de cierre es a las 2.30h, ____________________

Los vecinos piden al Ayuntamiento que ____________________

El Ayuntamiento va a exigir que ____________________

Los estudiantes quieren que ____________________

Los estudiantes han declarado que ellos no empezaron sino que ____________________

Ahora, lee las diferentes reacciones que han tenido algunas personas implicadas. Relaciona los comentarios con la persona que crees que los ha dicho. Discútelo con tu compañero.

1. la propietaria de una discoteca
2. un viejo profesor de la Universidad
3. un agente de policía que estaba allí
4. un estudiante que sale todos los jueves
5. un vecino del centro
6. el padre de un estudiante que llega a casa siempre a las cinco

A. "Yo pienso que los estudiantes tienen razón. Son jóvenes y quieren divertirse".
B. "Un grupo de jóvenes empezó a lanzar piedras contra los escaparates. Tuvimos que actuar".
C. "Aunque los jóvenes tienen derecho a divertirse, creo que es necesario cambiar el horario de cierre de los bares".
D. "La ley está para cumplirla. Además, estoy harto de tener que oír gritos a las cinco de la mañana".
E. "Es una locura que los bares cierren a las cinco de la mañana. En mi época no era así".
F. "Yo creo que nosotros tenemos razón. Necesitamos tener lugares para olvidarnos de los exámenes".

¿Y a ti? ¿Quién te parece que tiene razón?

8 En estas frases aparecen una serie de usos del Subjuntivo que hemos ido estudiando a lo largo de las últimas unidades. Subraya las formas verbales que están en Subjuntivo y marca con un círculo las partículas o estructuras que generan su aparición.

Mira, aunque estés enfadada con él, tienes que ir a verle.

1. Exigimos que el representante de la empresa hable con los trabajadores.
2. Es una pena que no podáis venir el domingo. Lo pasaríamos muy bien.
3. He llamado por teléfono a mis padres para que no se preocupen.
4. Le he pedido a Enrique que nos venga a buscar a las diez. ¿Te parece bien?
5. ¿Y si hiciera mal tiempo pasado mañana? ¿Qué haríamos?
6. No sé qué le pasa a Julián. Últimamente está muy raro. Quizá tenga algún problema.
7. Es estupendo que Ricardo haya encontrado trabajo para el verano, ¿verdad?
8. No es cierto que los jóvenes no quieran trabajar. Lo que pasa es que la mayoría no encuentra trabajo.
9. Como ya son las siete, aunque no haya llegado todo el mundo, tenemos que empezar la reunión.
10. "Muchos españoles quieren que se haga una política nueva de medio ambiente", ha declarado el Ministro de Sanidad y Consumo.
11. Ojalá mi primo me traiga algún regalo de Bolivia.

9 Tomás ha tomado una serie de decisiones para cambiar radicalmente de vida. Relaciona lo que ha hecho con los objetivos usando **para** y **para que** y haciendo las transformaciones que sean necesarias.

Se ha comprado un barco.	Quiere dar la vuelta al mundo.
Se ha dejado barba.	No tendrá que afeitarse y parecerá un capitán.
Se ha comprado un perro.	El perro viajará con él.
Ha empezado a estudiar portugués.	Quiere ir a Brasil y a Portugal.
Ha hablado con un chico brasileño.	Le dará clases de portugués unos días.
Ha escrito a unos amigos de Río de Janeiro.	Ellos le aconsejarán dónde dejar el barco.
Ha llevado todas sus cosas a casa de su ex novia.	Ella se las guardará.
Ha avisado a sus amigos y a sus familiares.	Así no se preocuparán.

10 Ésta es la familia Labanda. Como verás, a veces tienen opiniones distintas. ¿Con quién estás de acuerdo sobre cada tema? Discútelo con tu compañero. Si no estás de acuerdo con ninguno, formula tu propia opinión.

la guerra | el trabajo | lo más importante en la vida | padres e hijos | la política

Víctor Labanda Díaz
46 años
economista

"A veces hay que utilizar las armas para defender la paz".

"Para ganar dinero hay que trabajar y ganar dinero es necesario".

"Lo más importante es ser importante".

"Lo fundamental entre padres e hijos es el diálogo y el respeto mutuo".

"La política no es muy importante. Lo que realmente importa es la economía".

Concha Laso Martos
37 años
restauradora

"La guerra es horrible. Hay guerras porque en el mundo mandan los hombres y no las mujeres".

"El trabajo es solo un medio para ganar dinero".

"Lo más importante en la vida es ser una buena madre".

"Lo esencial entre padres e hijos es el amor y la comprensión".

"La política es compleja y demasiado aburrida. Prefiero el arte".

Marta Labanda Laso
18 años
estudiante

"Es inevitable, siempre ha habido guerras y siempre las habrá".

"El trabajo es fundamental en la vida".

"Lo más importante en la vida es ser un buen trabajador".

"Antes los hijos respetaban más a sus padres. Lo importante es el respeto".

"Los políticos nos engañan. Prometen cosas que después no cumplen. Son todos iguales".

Diego Labanda Laso
20 años
estudiante

"Todas las guerras son malas. Hay que luchar por la paz".

"Si se puede vivir sin trabajar, mejor".

"Lo más importante es disfrutar de la vida y ser un buen ciudadano".

"Entre padres e hijos siempre habrá conflictos. Es algo natural".

"No todos los políticos son iguales. Tenemos que preocuparnos por la política: votar, luchar...".

- Yo estoy de acuerdo con Concha en que la guerra es horrible.
- Yo no, yo lo veo como Víctor. Creo que a veces es necesaria para defender la paz.

18 El futuro

El viernes Kosei no necesita excusas para hablar con Victoria porque tiene muchas cosas que contarle. La va a buscar a la salida del hospital y, luego, van a una terraza a tomar algo y a charlar. Después de explicarle lo de Mónica, Victoria está absolutamente sorprendida:

–Me parece una historia terrible, aunque, por suerte, tú ya no estabas tan enamorado... –le dice Victoria.

–Sí, eso es verdad, pero lo peor es la sensación de que todo el tiempo me ha engañado. Mentiras, mentiras y más mentiras.

–Sí, tienes razón. Eso es horrible. ¿Y ahora qué vas a hacer?

–Pues no lo sé... Seguiré en Barcelona hasta el verano y, después, decidiré si me quedo aquí más tiempo, si vuelvo a Japón o si hago un viaje por Europa... Ahora necesito un poco de tiempo para pensar en mi vida...

–Sí, es verdad . Después de una experiencia así, no se pueden tomar decisiones...

–Lo que pasa es que es complicado... Necesito entender lo que ha pasado y, también, necesito olvidarlo todo.

–Bueno, pero para que lo veas todo claro, es necesario que pase un poco de tiempo.

–Sí, claro.

Kosei mira el reloj. Son ya las nueve y cuarto. A las diez tiene que llegar con Victoria a casa.

–Huy, ¡qué hambre tengo! –dice Victoria– ¿Por qué no vamos a cenar a algún restaurante tranquilo?

–No, no, todavía no... Es muy pronto –dice Kosei, muy preocupado porque tiene que conseguir que Victoria acepte ir a casa.

–Hombre, muy pronto no. Es casi la hora de cenar...

–Pero, mejor esperar un poco, ¿no? Es viernes y mañana podemos dormir...

–Bueno, como quieras.

–¿Paseamos un poquito?

–Vale.

A las diez en punto Victoria y Kosei están al lado de su casa. Victoria le dice:

–No tengo ganas de subir a casa. Con este tiempo me apetece cenar fuera.

Kosei se pone muy nervioso. Victoria tiene que ir a casa como sea.

–Oye –le dice a Victoria–, ¿por qué no hacemos una cosa? Subimos un momento a casa, me ducho y me cambio de ropa y, luego, nos vamos a cenar al lado del mar...

– Bueno, si quieres subir, sube. Yo me tomo un refresco en el bar de delante y te espero.

"Cielos –piensa Kosei–, tengo que conseguir que suba..."

–Prefiero que subas, Victoria. Yo, a veces, tardo mucho en ducharme.

–Vaaaaale, subo, pero no tardes, por favor.

Cuando llegan a casa, todo está a oscuras: no hay ninguna luz encendida, las ventanas están cerradas...

–Qué raro, ¿no? –dice Victoria.

–Sí, mucho.

Y, de repente, se enciende la luz, y treinta amigos de Victoria empiezan a cantar el "Cumpleaños feliz"

–Pero bueno, ¿qué es esto? –pregunta, muy sorprendida, Victoria.

–¡¡¡¡Sorpresa!!!!!

Todo el mundo se acerca a ella y le da besos y le tira de las orejas... La casa está preciosa, hay muchísima comida y bebida y, en seguida, empiezan a poner música. Hay gente que come, otros bailan y otros hablan en grupos. Nelson baila continuamente con las chicas más guapas de la fiesta. Como Kosei no conoce a casi nadie, prefiere hablar y comer tranquilamente. Un grupo de amigos de Victoria están discutiendo sobre el futuro y la tecnología y eso a Kosei le interesa mucho:

–Porque mucha gente piensa que las máquinas van a sustituir al hombre y eso es una tontería –dice un chico muy joven.

–Yo estoy completamente de acuerdo contigo. Para que una máquina funcione tiene que haber alguien usándola. Las máquinas son tontas, hacen lo que la gente quiere que hagan...

–Sí, pero es verdad que, en muchas empresas, mucha gente se queda sin trabajo por culpa de las máquinas.

–Eso es verdad, pero también se crean otros trabajos.

–Yo lo veo como ella. Por un lado las máquinas quitan puestos de trabajo, pero, por otro, ahora hay unos trabajos que hace veinte años eran impensables. No sé, todo lo relacionado con la informática, por ejemplo.

–Pero el problema es que ahora mismo hay tantos informáticos que, al final, todo el mundo será informático...

–Hombre, eso es un poco exagerado...

–Yo –dice una chica de ojos verdes– creo que lo de estar en contra del progreso es absurdo. La sociedad necesita que se avance, que se descubran cosas que nos ayuden a tener una vida mejor... No podemos quedarnos mirando el pasado...

Kosei piensa: "Esa chica tiene razón. No podemos y no puedo quedarme mirando el pasado...".

De repente se apaga la luz y de la cocina sale Grit con un pastel con veintitrés velas encendidas. Otra vez cantan "Cumpleaños feliz".

–Bueno, Victoria, tienes que apagar las velas de golpe y pensar en un deseo...

Victoria sopla y apaga todas las velas.

–Y, ahora, el regalo. Toma, esto es para ti de todos nosotros.

–Cómo sois... A ver. ¡Qué maravilla! Un viaje a Formentera. Es exactamente lo que necesitaré cuando termine el curso. Muchísimas gracias a todos. Os habéis pasado...

Comen el pastel, descorchan el cava y alguien pone una maravillosa música lenta para bailar en pareja. Kosei sigue pensando: "No puedo quedarme en el pasado...".

–¿Bailas? –le pregunta la chica de ojos verdes.

–Por supuesto –le dice Kosei.

Y empiezan a bailar y a hablar. Todo lo que le dice esa mujer le gusta. Le gustan sus ojos, le gusta su pelo, le gusta su risa, le gusta su olor...

Nelson está muy contento cuando ve a Kosei bailar con esa chica. Y Victoria piensa: "Es una mujer perfecta para Kosei".

–Quiero que esta noche sea muy, muy larga... –le dice la chica.

–Yo también –le contesta Kosei.

Y siguen bailando. Casi no hablan. Kosei se olvida poco a poco del pasado y se concentra en el presente.

Suena el teléfono y nadie lo coge. Suena el móvil de Kosei y lo desconecta sin contestar.

Un rato después, Kosei le dice a la chica de ojos verdes:

–Llevamos bailando toda la noche y todavía no sabemos nuestros nombres. Yo me llamo Kosei, Kosei Murata.

–Y yo, Mónica. Mónica López.

Fin